AF223147

™

M
B
∘
A
R
T
B
O
X

Der Autor:

Mario Bocks, geboren am 29.09.1966 in Korschenbroich, Nordrhein-Westfalen und wohnhaft in Mönchengladbach. Studium in Politik und Geschichtswissenschaften an der Heinrich Heine Universität in Düsseldorf und staatlich geprüfter Dozent für privates und öffentliches Recht im Wach und Sicherheitsgewerbe. Mehrere Veröffentlichungen von Publikationen in unabhängigen Musikmagazinen und von Tonträgern seit 1984. Seit 2004 auch Ausstellungen mit Collagen, Plakaten, Photoarbeiten, Öl auf Leinwand und Kreide auf Papier. Das vorliegende Syntagma ist der erste veröffentlichte Gedicht und Gedanken Band.

Mario Bocks

Ansichten von der Zivilisationstheke

Gedichte & Gedanken

Bibliografische Information der Deutschen Nationalbibliothek
Die Deutsche Nationalbibliothek verzeichnet diese Publikation
in der Deutschen Nationalbibliografie; detaillierte bibliografische
Daten sind im Internet über http://dnb.d-nb.de abrufbar.

Copyright © 2008 by mb°artbox™ production
Herstellung und Verlag:
Books on Demand GmbH, Norderstedt
Covergestaltung: Kunsthaus-Werkstatt
kunsthaus@deutschland.ms
Printed in Germany
ISBN-13: 9783837062908

www.mario-bocks.de
www.mb-artbox.de

buchbestellung@deutschland.ms
oder bei:
www.libri.de/
www.amazon.de/
www.buch.de/
www.buecher.de

Gewidmet meiner Trinity:

Sandy Assmann

Gitte Assmann

Assy Assmann

™

M B
○
A R T B O X

- - - - - - - -

Gedichte
&
Gedanken

Inhaltsangabe

TEIL I: SENTENTIARUM PROGRESSIO

TEIL II: CARMEN

TEIL III: SERMO ET NARRATIO

TEIL I: SENTENTIARUM PROGRESSIO

O quantum est in rebus inane

(O wie viel Leeres ist in der Welt)

Persius (34-62 n.Chr.) Satire 1,1.

ACHTUNG   ACHTUNG   ACHTUNG
ACHTUNG   ACHTUNG

Hallo!

SIE!

Ja, genau Sie!

Eins möchte ich Ihnen mal direkt sagen, wenn sie ein Neonazi oder sonst wie Anhänger dieser „Ich-Hab-Nix-In-Der-Birne-Bewegung" sind, dann legen sie dieses literarische Meisterwerk unverzüglich wieder zurück! Egal ob Sie es kaufen oder klauen wollen, ZURÜCKLEGEN!

Ich verkaufe nämlich nicht an Nazis oder sonstigen guten Deutschen. Eher würde ich verrecken, als Geld von so jemanden anzunehmen. Und wenn Sie das Buch jetzt trotzdem mitnehmen, so nützt das nichts – das ist Anti-Nazi-Papier! Es merkt, wenn der Leser eine Hohlbirne ist und vernichtet sich nach zwei Minuten, wenn Sie mich oder das Papier belogen haben.

Das wäre ja noch schöner!

Hmm!

Sie sind ja noch da!

Na, da warte ich aber noch ein Weilchen!

Prima! Scheint so, als ob das Anti-Nazi-Papier nichts an ihnen auszusetzen hätte.

Wie erfreulich zu sehen, das Sie nicht zu dieser Mischpoke gehören.

Daher begrüße ich Sie herzlich zu dieser kleinen Lektüre mit Gedanken, Gedichten und Geschichten von der Zivilisationstheke. Wenn Sie mich fragen, wieso ich diese kleine Sammlung veröffentlicht habe, dann möchte ich mit voller Aufrichtigkeit jetzt mal folgendes sagen:

Ich empfinde die Zustände in dieser Gesellschaft mittlerweile als nicht mehr hinnehmbar. Ich ärgere mich bereits seit längerer Zeit über dieses und jenes und irgendwie muß das einfach mal gesagt, geschrieben oder gelesen werden. Es sind keine hoch philosophischen Gedanken, es ist eher das alltägliche in Verbindung mit einer Schildbürgerpolitik der Großkopferten, einhergehend mit all der Ungerechtigkeit für die Menschen und dem Unverständnis über das immer schlimmere Bildungsniveau unser Bürger in dieser unseren Bundesrepublik. Ich weiß ehrlich gesagt nicht, was mir mehr auf dem Wecker geht; die Unverfrorenheit unserer Politiker oder die immer größer werdende Blödheit unserer Mitmenschen.

Was macht man da?
Einfach seine Gedanken rauskotzen und mal das eine oder andere notieren und rauslassen bevor man noch verrückt wird. Ich bin nämlich schon wieder fast soweit zu sagen, das alle die Errungenschaften beginnend mit der französischen Revolution und dem damit einhergehenden Befreiungsprozessen absolut für den Arsch waren, wenn man sich heutzutage die Nachmittags Sendungen im Fernsehen anschaut. Und damit meine ich nicht nur diese asozialen und volksverblödenden „Talkshows" – es ist dieses geschnürte Gesamtpaket an Verdummung mit „Deutschland sucht den Superstar", „Schlag den Raab" (wäre ja schön, wenn einer dem mal...aber lassen wir das), „Gute Zeiten, Schlechte Zeiten", „Lindenstraße", „Die lustigen Volksmusikanten", „Bauer sucht Frau" und was es nicht sonst noch alles gibt. Das ist doch nicht die Freiheit, für die unsere Vorfahren gekämpft haben. Das traurige ist, es gibt Menschen die gucken das *gerne*! Wie konnte es soweit kommen!!! Ich neige daher mittlerweile zu der Annahme, dass der Kampf für Freiheit, Gerechtigkeit und Brüderlichkeit, also Solidarität, letzt endlich gescheitert ist. Der Kontext spielt keine Rolle mehr, warum auch wissen, warum diese Gesellschaft, in der wir leben, so ist wie sie ist. Hauptsache Doof-TV, Computerballerspiele, Blödmusik (ich sag nur DJ Votzi oder Otzi oder Dieter Bohlen) und die Mitmenschen terrorisieren. Die Zeit des Aufbruchs mit dem damaligen Kanzler Brandt (Mehr Demokratie wagen) und dem dazu gehörigen Deutschlandbild, mit dem sich auch Intellektuelle und nicht national Verbohrte identifizieren konnten, gehört leider der Vergangenheit an.

Welche große Chance wurde hier vertan. Weg vom Nationalismus hin zu einem offenen Europa mit einer integrierten Bundesrepublik. Aber die Mehrheit wollte ja nun mal die geistige und moralische Wende nach 1982 und das exakte Resultat dieser Unglückseligkeit dürfen wir heute betrachten, miterleben und ausbaden. WIR SIND WIEDER WER! Die Opfer der französischen Revolution waren überflüssig. Wer mir nicht glaubt; Fernsehgerät anschalten und RTL gucken. Mehr muß man dazu nicht mehr sagen.

Das kommt Ihnen alles ein bisschen seltsam vor?
Macht nichts, dafür halten Sie ja dieses Syntagma* in den Händen!

Einen kleinen Hinweis möchte ich Ihnen doch noch mitgeben. Wenn Sie bei den Gedichten nicht sofort den dafür angedachten Sprachrythmus finden, so versuchen sie es bitte noch mal, da diese Gedichte von dem gesprochenen Rhythmus leben. Ich muss hier rechtfertigender weise gestehen, dass ich vor Lesungen in der Vorbereitung selber teilweise zwei oder drei Anläufe brauche, um nach längerer Pause wieder in die verschiedenen Rhythmen zu kommen. Also, wenn sie denken, das Gedicht wäre doof, dann liegt es nur daran, dass sie es nicht richtig gelesen haben. Kapiert!?

---

* Syntagma, das: Zusammengestelltes, Sammlung von Schriften.

™

M
B
∘
A
R
T
B
O
X

- - - - - - - -

Gedichte
&
Gedanken

Ansichten von der Zivilisationstheke

Wenn man heute die Nachrichten schaut oder sich über andere Medien informiert, dann fällt schon auf, wie viele absurde und groteske Meldungen dabei sind. Am Anfang ist man dann noch ganz schockiert und empört, danach schaut man nur noch flüchtig hin und beim dritten Mal ist es einem egal. Das Beispiel der ganzen toten Kinder und Babys, die geschlagen, gewürgt, gevierteilt und in Kühltruhen oder Blumenkästen gesteckt werden, ist exemplarisch für viele schreckliche Meldungen. Wenn diese zur Normalität werden, hört man irgendwann schon gar nicht mehr hin. Auch auf anderen Gebieten geschieht dasselbe. Ein Sieg des FC Bayern reißt einen schon lange nicht mehr vom Hocker, genauso wie die Stimmenverluste der SPD. Der Gewöhnungseffekt tritt ein. Dabei gehen leider auch andere alltägliche Absurditäten unter, obwohl es sich lohnt, auch da genau hinzuschauen. Deshalb möchte ich Sie mit einigen dieser Geschehnisse bekanntmachen. Den erotischen Neigungen zum groben Unfug zum Beispiel. Wir finden diese bei Christen, Politikern und auch anderen Menschen. Nehmen Sie, als ein besonders gelungenes Beispiel, die katholische Kirche.

Seitdem die Vertreter dieser originellen Gattung jahrhunderte lang den Menschen eingeredet haben, Sex sei schändlich, wofür es im übrigen keine biblische Grundlage gibt, da stellt sich heraus, unsere Freunde der klerikalen Finsternis trieben es doller als der Herr es selber gekonnt hätte. Nicht das wir es nicht schon immer gewusst hätten, aber man lässt sich seine eigenen gedanklichen Geistesblitze und Vorurteile ja gern bestätigen. Noch dreister ist allerdings das festhalten an der „Marienlehre" im dritten Jahrtausend. Konnte man in früheren Dekaden immer noch behaupten, das mit der Jungfräulichkeit und der unbefleckten Empfängnis Marias sei nun mal so, so lockt man einem 12-jährigen Teenager in heutiger Zeit nur ein mildes Lächeln mit dieser Erklärung ab, oder eine Hand-Scheibenwischer Bewegung in Stirnhöhe ist die Folge. In einer Zeit, da die Jungfräulichkeit schneller hopps geht als so manche Ehe, und die Scheidungsrate liegt da immerhin schon bei fast 50%, wirkt dieser Anachronismus irgendwie nur noch lächerlich und peinlich. Auch die berechtigte Frage, wie Maria denn die sieben Geschwister von Jesus „empfangen" hat, im übrigen vier Brüder und drei Schwestern, wo von der bekannteste Bruder mit Namen Jakobus den lieben Petrus als Statthalter von Jesus in Jerusalem ablöste (man könnte sagen, Petrus hatte den Misstrauensantrag der Gemeinde nicht überstanden), lässt sich kaum durch siebenmaliges wiederholen der sündenfreien Babyzufuhr erklären. Auch sind sich die vier Geschichtenschreiber der Evangelien einig, wenn auch **nur** in diesem Falle, dass Joseph <u>nicht</u>

der Vater von Jesus war. Wenn Joseph aber nicht der Vater war, wo kamen dann die Geschwister von Jesus her, und welche Rolle spielte dann Maria, die mit Abstand die so genannte Verliererkarte in diesem Spiel hat. Acht Kinder, keinen Vater, Jungfrau, also nichts mit Sex und was sonst noch alles Spaß macht, aber einen Ehemann (häh!??), da fragt man sich doch, *was denn jetzt?* Liebe Kleriker, eins muss man euch ja wirklich lassen, in Sachen „grober Unfug" seit ihr einfach nicht zuschlagen. Irgendwie beschleicht mich, auch hinsichtlich der immer größer werdenden Blödheit der Jugendlichen von heute, immer mehr das Gefühl, das die Verdummung von kirchlicher Seite beeinflusst wird, da ja gerade die Kirche in Zeiten ständig schwindender Mitgliederzahlen Nachschub braucht, denn aufgeklärte und moderne Menschen wenden sich von solch einem Hokuspokus der Lächerlichkeiten mit Grauen ab, werden zu Atheisten oder bevorzugen einen Glauben ohne die Kirche. Vielleicht haben die Klerikalen es noch nicht gemerkt, aber man kann auch ohne die Kirche Glauben und ohne Jesus Christ sein. Und eins sag ich Euch, so doof bekommt ihr die Jugend niemals hin, als das sie sich freiwillig zu Rückständigkeit, Anachronismus und Lügen hinreißen ließe, oder? Na ja, Lügen vielleicht, aber nun gut.

Was mich an den Jugendlichen von heute fasziniert, ist ihr unerschütterlicher Glaube an sich selbst. Vor kurzem habe ich eine Umfrage im Fernsehen gesehen, in der es um unsere Bundesländer ging. Noch nicht mal drei der elf gefragten Jugendlichen (ca.15/16 Jahre alt, Gymnasiasten) konnten die Frage nach der Anzahl der Bundesländer richtig beantworten, geschweige denn aufzählen. Auf die Frage nach drei Nordländern war die Top Antwort: Schweden, Holland, Nordpol! Ebenso war mir bis dato nicht bewusst, das Niedersachsen zu den neuen Bundesländern zählte. Na ja, man lernt halt immer dazu.

Es ist schon deprimierend, das der grossteil der Jugendlichen auch nicht weiß, welche Bundeskanzler wir bisher hatten, wer als Kanzler den Friedensnobelpreis bekommen hat oder wer zurzeit der höchste Repräsentant der Bundesrepublik ist. Man muss kein Fachidiot oder Streber sein, aber gewisse Grundlagen der Gesellschaft, wie sie funktioniert, wer sie bestimmt, wie sie sich zusammensetzt, sollten doch Basismaterial für alle Schulen sein. Dies ist offenbar nicht mehr der Fall, denn bei einem Gespräch mit Jugendlichen eines Gymnasiums, Sekundarstufe II, wurde mir erzählt, das vor allen dingen die Zeit unmittelbar nach dem 1000-jährigen Reich fast gar nicht mehr besprochen wird. Aufbau des Nachkriegsdeutschlands, Entnazifizierung, Marschallplan, Adenauers Westpolitik, Beitritt zur Nato, Ostpolitik, etc., etc., etc., alles Fehlanzeige.

Ich bin ja wirklich begeistert, wenn die Schüler lernen wie der 17.Sohn von Dschingis - Kahn heißt oder wann der 12.Süd - Nordvietnamesische Krieg war, besser wäre allerdings, den Kindern zu erklären, in welchem gesellschaftlichen Modell sie leben, warum die heutige Staatsform so ist wie sie ist, und wie man miteinander umgeht, außer das man sich direkt und permanent vor die Fresse haut. Es bleibt einfach der Klassiker, das man nur in einer Gesellschaft leben kann, wenn man diese versteht und toleriert, denn wer keine Ahnung von Demokratie hat, wer denkt, Toleranz wäre eine Kampfsportart, der neigt auch sehr schnell dazu, wieder „Sieg Heil" oder „Ausländer Raus" zu schreien, denn was man nicht kennt, macht Angst oder ist einem in den meisten Fällen auch ziemlich schnurz egal. Bildungsdefizit gepaart mit Blödheit ist eine ganz gefährliche Mischung. Solange es Menschen gibt, die glauben, Napoleon hätte die Berliner Mauer gebaut (hat wirklich jemand gesagt!!), der Nordpol wäre ein Land oder Hitler hätte auch gutes bewirkt und die CDU wäre christlich, glaube ich nicht unbedingt an den Fortbestand der Menschheit. Wobei man allerdings unterscheiden sollte zwischen Menschheit und Deutsche, obwohl vor längerer Zeit mal jemand versucht hat, mir mitzuteilen, das auch die Deutschen zu der Gattung der Weltbevölkerung gehören. Erstaunlich nicht, wenn man bedenkt das es vor allem Deutsche waren, die sich vor noch nicht mal allzu langer Zeit mit besonderer Liebe und Hingabe der Dezimierung ganzer Bevölkerungsstämme aus allen Teilen der Welt widmeten. Also irgendwie scheint dieses „come together" nicht so richtig bei uns angekommen zu sein. Damit war auf jeden Fall nicht gemeint, das man alle zusammenkommen lässt, um sie dann auf einen Schlag umzubringen, nein, nein, da wurde etwas vollkommen falsch gedeutet, liebe Ewiggestrigen. Wenn man dann noch unsere neuen Brüder und Schwestern aus der Zone betrachtet, so möchte ich doch manchmal allen ernstes fragen, ob diese Mischpoke aus den fünf neuen Naziländern eigentlich überhaupt schon mitbekommen hat, dass das dritte Reich schon etwas länger nicht mehr existiert. Unsäglich das Verhalten dieser Menschen zu ausländischen Mitbürgern, Andersdenkenden und Immigranten.

Ich brauche jetzt bestimmt nicht noch mal die ganze Barbarei von Hoyerswerda über Rostock- Lichtenhagen bis Potsdam aufzuzählen (ich weiß, auch im Westen hat es widerliche, menschenverachtende und tödliche Vorkommnisse gegeben), aber wenn ihr mir mit solchen Argumenten kommt, Ausländer nehmen uns die Arbeitsplätze weg, vögeln unsere Frauen und ähnlich dämliche Sachen, die irgendwo zwischen Vollverblödung und Lobotomie liegen, dann sei euch mal folgendes klipp und klar gesagt: Ihr Doofzonis seid ja noch nicht mal richtige Mitglieder der Bundesrepublik Deutschland. Ihr seid die Ausländer und nicht unsere türkischen, polnischen, italienischen, englischen und sonstigen Nachbarn. Ihr sprecht da drüben was weiß ich für eine Sprache, aber mal ehrlich, die deutsche Sprache ist das ja wohl nicht. Ich wundere mich auch immer wieder darüber, das euch das nicht ärgert, das jeder Ausländer, der sich hier mit der für alle hier lebenden gültigen Sprache befasst, diese nach noch nicht mal zwei Jahren besser beherrscht, als jeder einzelne von Euch. Warum kommt nicht mal ein einziger von euch Deppen auf die Idee, statt Menschen anderer Herkunft und Hautfarbe platt zumachen und umzubringen, mal einen Deutschkurs zu besuchen. Ihr wollt doch immer so schön deutsch sein. Tut doch mal was dafür, dann wird euch auch ein deutsch sprechender Mensch endlich mal verstehen, wenn ihr mal was sagen dürft.

Es ist mir sowieso ein Mysterium, was junge und nicht mehr ganz so junge Menschen mit ihren „No Go Areas" und den „Ausländerbefreiten Zonen" - Schildern an ihren Dorfeingängen uns mitteilen wollen? Wollt ihr unter euch bleiben weil ihr Angst habt, das jeder einigermaßen gebildete Mensch euch sofort zur Euthanasie freigeben würde? Oder mögt ihr keine Pizzen oder die aus Belgien stammenden Pommes Frites? Was ist bloß los mit euch? Es wird doch nicht jeder in der Zone direkt mit einem Hirnschaden geboren?
Es dient auch nicht als Entschuldigung, dass der Innenminister des Landes Brandenburg, Schönbohm, genauso braun ist wie ihr. Es ist mir sowieso rätselhaft, wie ein führender Politiker anlässlich der Fußballweltmeisterschaft 2006 in unserem Lande, ausländischen Besuchern rät, zu bestimmten Uhrzeiten mit einem gewissen Aussehen sich nicht an bestimmten Aufenthaltsorten zu begeben, da ihre Sicherheit nicht überall gewährleistet sei. Deutschland im Jahre 2006. Bravo! Vielen Dank liebe Zonis, das ihr es in kürzester Zeit geschafft habt, den ekelhaften braunen Pestgeruch Einzelner wieder über das ganze Land zu verteilen. Was die demokratische Gesellschaft in knapp fünf Jahrzehnten mit mühsamer Aufarbeitung (kommt von Arbeit, kennt ihr das Wort?) vorangetrieben hat, nämlich die nicht gerade leicht zu glaubende Tatsache, dass das demokratische Westdeutschland nicht mehr zu den Aggressoren zählt, das die Bundesrepublik ein verlässlicher Partner in der Europäischen Gemeinschaft ist und die Einbindung in einer immer stärker globalisierten Welt positiv zu vermerken ist, das bringt ihr Hinterwäldler in kürzester Zeit ins schwanken. Es kann nur einen geben, einen Ausweg, meine ich. Erstmal Sprachtests für alle Zonenossis und Nazis, zweitens den Einbürgerungstest für Ausländerzonis zusätzlich und zum Schluss noch eine kleine Aufklärungsarbeit in Sachen Demo-

kratieverständnis. Wie der Kabarettist Andreas Rebers in seinem aktuellen Bühnenprogramm anmerkte: „Links und Reich, das ist optimal. Links und Arm ist nicht ganz so toll, aber Rechts und Arm, das ist ganz scheiße, dann kommt nämlich auch noch die Doofheit dazu." Oder haben sie schon mal jemanden gesehen, der zu doof für die NPD ist? Na, sehen Sie, gibt es nicht!

Die Partei der Volksverhetzer, Kinderschänder, Gewalttäter, Einfaltspinsel, Analphabeten und geistig Verwirrten hat in punkto „nach unten" keinen Spielraum mehr gelassen. Hier wird selbst der letzte hinterwäldlerische Dummbatz aufgenommen. Es wird endlich Zeit, dass diese braune La-Olà-Welle der Gewalt gestoppt wird, liebe Bundesregierung. Allerdings hege ich da so meine Zweifel, ob die Bundesregierung hierfür der richtige Ansprechpartner ist. In einem Land, wo immer die Täter, und ganz selten die Opfer geschützt werden, fällt es schwer, Vertrauen in die dazugehörigen Politiker zu haben. Dass dem Innenminister Brandenburgs Schönbohm der Geruch der braunen Pest anhängt, das wissen wir, hier ist keine Hilfe zu erwarten, auch von dem (jetzt ehemaligen) bayrischen Ministerpräsident Edmund Stoiber nicht, der noch 1989 vor einer „durchrassten" Gesellschaft gewarnt hat. Er meinte damit, dass die Deutschen in ihrer Rasse durch die Vermischung mit Ausländern ihren Status als Herrenmenschen immer mehr einbüßten.
Das deutsche Volk werde also durch Mischehen und geschlechtlichem Umgang mit andersrassigen und farbigen Gesindel und Pack immer mehr unterwandert und geschwächt. Ich frage mich ernstlich, wer diesen Volksverhetzer zum Kanzlerkandidaten 2002 bestimmt hat. Könnten Sie sich das vorstellen, ein solch verkappter Stotterdemagoge als Bundeskanzler? Noch unerträglicher ist für mich allerdings die Tatsache, dass nur knapp 6000 Stimmen bei der Bundestagswahl 2002 gefehlt haben, und der Mann wäre wirklich Kanzler geworden. Wer hat den gewählt? Können sie sich noch daran erinnern, wie Stoiber kurz nach den verlorenen Bundestagswahlen dem Osten die Schuld in die Schuhe schieben wollte. Man könnte den Frustrierten und Enttäuschten doch nicht die Entscheidung über Deutschlands Zukunft überlassen. Nur weil er im Osten die Stimmen nicht bekommen hatte die er benötigte, sind die Menschen in den neuen Bundesländern nun für ihn Proleten, Asoziale, Zurückgebliebene und natürlich alles biersaufende Hartz IV-Empfänger. Da revidiert man ja fast schon wieder seine eigenen Vorurteile gegenüber den Zonenossis und man fragt sich unweigerlich, wer sich eigentlich um solche Hetzer, Braune und verwahrloste Politiker kümmern müsste. Bundesinnenminister Wolfgang Schäuble wäre eigentlich hier der richtige Ansprechpartner für die Volksdemagogen und die Opfer der

rechten Gewalt und der Beleidigungen. Und was macht er? Er weist daraufhin, dass auch blonde, blauäugige Menschen Opfer von Gewalttaten sein könnten...! Geht es noch dämlicher und erbärmlicher? Aber was soll man erwarten von einem, der nachweißlich die Öffentlichkeit belogen hat.

Sie erinnern sich bestimmt noch. Die Schreiber-Affäre und der Aktenkoffer mit den 100 000 DM. Wenn nicht, recherchieren. Der Schäuble - sein eigener Nachfolger als Vorgänger vom Otto Schilly. Andere Attentatsopfer bekommen eine Therapie, oder werden psychologisch behandelt, er aber muss Innenminister werden. Hier stellt sich wirklich die Frage, warum wir eigentlich wählen gehen? Die Knallschargen, die wir wegen Inkompetenz 1998 abgewählt haben, unter anderen Schäuble, sind jetzt trotzdem teilweise wieder in der Regierung, unglaublich. Und wenn Oma und Opa mit der Familie gegen Rechts demonstrieren gehen, weil Ihnen die Nazis und Pseudorechten gegen den Strich gehen, müssen sie sich auch noch beschimpfen lassen, und zwar von Schäuble und Co. Wissen Sie wie der das nennt; wenn demokratisch denkende Menschen gegen Rechts demonstrieren? Linke Gewalt!

Das muss man sich mal vorstellen, da werden die „Sieg Heil" brüllenden Unterschichtprimaten vor dem Pöbel, also Oma, Opa, Vati, Mutti geschützt, und die Familie muss sich als linke Krawallmacher beschimpfen und nach Verhaftungen wegen Verstoßes gegen das Versammlungsrecht (bei einer Nazidemonstration!!!) und den Landfriedensbruch bestrafen lassen. Nationalsozialismus und Faschismus sind ein Verbrechen. Nirgendwo steht in der Präambel der Bundesrepublik ein Artikel oder ein Paragraph, der das demonstrieren eines Verbrechens legitimiert. Irgendwie entsteht bei mir da der Eindruck, dass einige Menschen noch mal zurück zum Anfang der Evolution gebombt werden müssen.

Hier ist mit Aufklärung und gutem Willen beileibe kein weiter kommen mehr möglich. Das sich Rechtsradikale hier immer wohler fühlen, verwundert daher nicht mehr unbedingt. Und das Menschen im Ausland wieder misstrauisch zu uns rüberschauen, ist leider auch eine Folge des Gewähren lassen seitens der Exekutive, Judikative und Legislative. Die Judikatur zum Beispiel: So sahen es die Richter im Fall des zusammengeschlagenen Deutsch-Äthiopiers an der Bushaltestelle in Potsdam als nicht erwiesen an, das es sich um eine rassistisch motivierte Tat gehandelt hat. Obwohl über das Handy des Opfers, der Hilfe herbei rufen wollte, im Hintergrund klar und deutlich zu hören war: " Du Scheißnigger „ und „Drecksnigger", sieht sich die Staatsanwaltschaft nicht dazu in der Lage, ein politisches Motiv wie Ausländerhass erkannt zu haben. Mal ganz ehrlich, wie ein Streit unter Verwandten hört sich das nun mal nicht gerade an. Und das Scheißnigger nicht unbedingt rassistisch gemeint ist, das würde ich mir auch mal gerne von der Staatsanwaltschaft erklären lassen. Aber ich sehe, sie merken schon, Brandenburg! Genau, Jörg Schönbohm, Innenminister. Oder heißt das drüben schon wieder Gauleiter.

Eine weitere kleine Anekdote über Schönbohm möchte ich noch kurz erwähnen. Zum 60.Jahrestag der Befreiung der Konzentrationslager in Deutschland wurde auch Schönbohm in seiner Funktion als Innenminister zu einer Feier in ein ehemaliges Arbeitslager (den Namen lasse ich hier unerwähnt) eingeladen. Dort sollte er eine Rede zur Befreiung der damaligen Inhaftierten halten. Eigentlich ist das Thema damit klar umschrieben, worüber der Inhalt einer solchen Rede gehen sollte. Nur unser brauner Hans Dampf in allen Gassen hat mal wieder etwas nicht mitgekriegt, bzw. verstanden. Als er zum Ende seiner Rede kam, sagte er dann folgendes; „Und so Gedenken wir der hier in diesem Lager gefallenen bis 1945, und denen die danach hier gestorben sind". An dieser Stelle unterbrach der Veranstalter die Gedenkfeier mit einem „Das darf ja wohl nicht wahr sein!". Die Opfer der Nazis zu vergleichen mit den Verbrechern dieser Zeit, die nach 1945 zu recht in dem Lager hingerichtet wurden, schlägt dem Fass ja wohl den Boden aus. Ich stelle mir gerade vor, wie jemand mit unsagbarem Glück dieser mehrjährigen Hölle entkommen ist und derjenige, der gequält, gefoltert und gemordet hat, wird als Opfer in einem Atemzug genannt. Unfassbar!

Da fragt man sich doch wirklich, was in einem solchen Kopf wie dem von Schönbohm eigentlich vorgeht. Glauben sie aber bloß nicht, der Mann wäre zurück getreten. Stimmt irgendwie schon, dass die, die damals die Autobahnen gebaut haben, Mitglieder in der CDU sind. Der Einwand, dass es die CDU damals doch nicht gegeben hat, ist richtig, aber diese Leute (oder ihre geistigen Nachfahren) sind **heute** in der Nachfolgepartei CDU. Auch das Erbe der Ewiggestrigen wird durch Personen der beiden Unionsparteien überdeutlich mitgetragen. Kurt Georg Kiesinger wäre noch nicht mal der Ranghöchste unter ihnen, aber gelernt haben sie bestimmt von ihm. Kiesinger behauptete damals, bevor er zum dritten Kanzler unserer Republik gewählt worden war, in einer geschickten Vorwärtsverteidigung, er wäre zwar in der NSDAP gewesen, aber er sei ja damals auch noch sehr jung gewesen. „Stimmt, so um die Dreißig war Kiesinger und hatte seine eigene Rechtsanwaltskanzlei in Berlin gegründet, just zu dem Zeitpunkt als Erich Kästners Bücher verbrannt wurden, aber man kann mit Sicherheit annehmen, dass er dabei nicht zugeschaut hat" (Dieter Hildebrandt).

Auch der fast zwölf Jahre amtierende Ministerpräsident von Baden-Württemberg (1966-1978), Hans Filbinger, gehörte trotz seiner Nazivergangenheit zu den am meisten protegierten Politikern der sogenannten christlichen Union. Filbinger war im dritten Reich Marinerichter und hatte noch im Februar 1945 Todesurteile gegengezeichnet. Seine Mitschuld an den Verbrechen in der Nazizeit hatte er stets bis zu seinem endlich eintreffenden Tod im März 2007 geleugnet und mit Anweisungen von Oben als legitim begründet („Was früher Recht war, kann heute kein Unrecht sein!"). Nach Veröffentlichungen des Schriftstellers und Dramatikers Rolf Hochhuth trat er erst 1978 nach großem Druck, der für ihn vollkommen verständnislosen Öffentlichkeit, zurück.

Irgendwie ist es schon erstaunlich, das gerade die Menschen, die unter dem Banner der Verlogenheit (damals) und der Blödheit (heute) laufen, von unserer Gesellschaftsspitze, sofern sie auf Seiten der Christlichen sind, so ausdauernd geschützt werden. Es ist zwar nicht so, das es nur noch Torfköpfe ohne Inhalt gibt, ganz im Gegenteil, aber es stimmt mich schon bedenklich, das heute, wir befinden uns im vierten Quartal des ersten Jahrzehnts im dritten Jahrtausend, bereits wieder jeder achte Bundesbürger der Meinung ist, Antisemitismus und Nationalsozialismus gehören zum Deutschtum und Ausländer müssen sich wieder warm anziehen. Woher dieser offensichtliche Wertewandel kommt, will sich mir nicht so recht erschließen, oder hat es gar keinen Wertewandel gegeben? Eigentlich ist die Bezeichnung „Grober Unfug" viel zu schwach für diese Flut von tumben und nationalen Großmachtsträumen, die wieder erblühen, im Angesicht der Europäisierung. Aber Europa ist nicht schuld, wenn klein karierte Deutschtümmler, unterstützt durch ein Großteil der Schwarzen und Schwarzbraunen Parteien, wieder die Klappe aufreißen. Vielleicht sollten sich die Politiker, die noch einigermaßen denken können, darum bemühen, den Bildungsauftrag gegenüber der Gesellschaft wieder etwas ernster zu nehmen.

Definitiv muss man feststellen, dass mit Einführung der privaten Fernsehanstalten in den 1980er Jahren die Bildungsdefizite in der Bevölkerung rasant zugenommen haben, ebenso wie die Boulevard- und Bildzeitungsgläubigkeit der Bevölkerung. Wurde Günther Wallraff wegen seiner schonungslosen Aufklärung, in der er nachweislich belegen konnte („Der Mann, der bei BILD Hans Esser war", sehr zu empfehlen, genau wie „Ihr da oben, wir da unten"), das die Bildzeitung gelogen hat, und auch heute immer noch lügt und sich auf Kosten anderer Menschen profiliert, mit Gerichtsprozessen und Anfeindungen überhäuft, so müsste er nach Meinung der heutigen Stammtischdeutschen entweder direkt vergast oder erschossen werden. Pauschalverurteilung statt demokratischer Auseinandersetzung. Es ist mittlerweile schon traurig, das den tumben rechten und nationalen Stammtischdeutschen jedes mal nach einer Kritik an ihren geistig verbalen Dünnschissen nichts anderes mehr einfällt als die Drohung: Die Linken und Vaterlandsverräter gehören an die Wand gestellt.

Und dieses hochsensible und feingeistige Prekariat hat seine Lieblings-beschäftigung, neben der Bild, in drei Dogmen der Lebensgestaltung zementiert: Saufen, Kloppen und vor der Glotze hängen. Haben Sie sich schon mal bewusst einen Privatsender angeschaut bzw. dem Pro-gramm zugeschaut? HORROR!

Das die Kinder in den Schulen immer dümmer werden, hat mit Sicher-heit mehrere Gründe. Der Wegfall einer gesunden Familienstruktur, Er-ziehungsdefizite bei (auch allein stehenden) Eltern sowie die Verrohung der Umgangsformen in Verbindung mit fehlendem Respekt gegenüber den Anderen sind nur einige von vielen Gründen, warum Bildung nicht mehr funktioniert. Aber deswegen gar nichts tun, weil man nicht weiß wo man anfangen soll, dass kann es ja auch nicht sein. Wenn Sie Lehrer/innen in ihrem Bekanntenkreis haben sollten, fragen Sie die Mal, wie viele unserer Jugendlichen noch einen Text zusammenhängend lesen können.

Lassen sie sich mal eine Zusammenfassung oder Interpretation geben, sie werden verblüfft sein, was dabei rauskommt. Nämlich nichts. In ei-nigen meiner Gespräche mit Jugendlichen habe ich darum gebeten, sie mögen mir doch bitte einige Zeilen vorlesen. Das Ergebnis war in etwa das gleiche wie bei der am Anfang gestellten Umfrage nach den Bundes-ländern. Nicht akzeptabel. Auf die Frage, warum Sie nicht mehr lesen könnten, bekam ich meistens die Antwort, es geht ja auch ohne vorlesen, schließlich (Zitat)" hat jeder von uns ein Computer und ohne lesen wür-de da ja auch nix gehen, also?" Durchwursteln durch den Selbstbetrug. Prima! Dazu gehört ebenso der Konsum der Medienlandschaften. Auf ihre Sehgewohnheiten im deutschen Fernsehen angesprochen, habe ich festgestellt, dass Programme wie Arte, 3Sat, Phoenix oder n-tv nicht bekannt sind bzw. nicht gesehen werden. Spitzenreiter bei den Jugend-lichen sind die Unterschichtenkanäle von RTL, Sat1 und Pro7. Ich muss sagen, schlimmer geht's nimmer, habe ich gedacht, aber festgestellt habe ich schlimmer geht's immer. Damit ich auch weiß, worüber ich hier sinniere, habe ich mir ein bis zwei Tage mal das Programm von diesen Sendern angeschaut. Mein erster Gedanke: Verbieten! Das kann doch nicht wahr sein, das sich Menschen dies freiwillig antun. Hier wird den Jugendlichen eine Welt vorgegaukelt, die es einfach so nicht gibt. Die Gerichtsshows zum Beispiel. Hier werden Gerichtsfälle von Laien nach-gespielt. Intention dieser Sendungen soll es sein, den Gerichtsalltag anhand von ausgesuchten Fällen im Alltag darzustellen. Da wird gepö-belt, geschrien, rumproletet, geflucht und gedroht, was das Zeug hält. Jeder Bürger hat in seinem Leben, ab einem Gewissen Alter, schon mal an einem Strafprozess, sei es als Zeuge, Besucher oder Angeklagter, teilgenommen. Und glauben sie mir, wenn auch nur ein Richter sich im richtigen Leben so was zumuten würde, ohne einzuschreiten, dann wäre die Jurisprudenz aber ganz schnell am Ende. Das gefährliche an diesen Fernsehgerichtsshows ist, das Menschen, die noch nicht mit der Justiz und dem Gericht in Kontakt gekommen sind, diese Verhandlungen für real halten könnten. Es wird ja immer gesagt, die Fälle sind zwar nachgespielt, aber die Urteile echt. Hier kann ich mit Gewissheit sagen, diese Shows sind der reine Humbug und haben mit der Realität rein gar nichts gemeinsam. Oder haben sie schon mal erlebt, dass an einem ordentlichen Gericht bei einem Prozess die oder der Angeklagte seine Aussage im Zeugenstand machen darf? Also ich noch nicht. Des Weiteren müsste man die so genannten Nachrichten verbieten, die hier News heißen, da sie mit dem Wort Nachrichten nichts gemeinsam haben. Das in ein und derselben „News" - Sendung die Dieter Bohlens, J(W)ürgen Drews und noch so Knaller (mir fallen jetzt keine weiteren Namen mehr ein) teilweise noch vor den tagesaktuellen politischen Geschehnissen gesendet werden? In Nachrichten wird der Mensch über das politische, wirtschaftliche und kulturelle Tagesgeschehen in Kenntnis gesetzt, und da gehört nicht unbedingt die Titte von dieser ******** von Drews oder irgendwelchen anderen LegasthenikerInnen hin. Für so was kann man dem Untermenschen, der diesen Sender schaut, doch eine eigene Sendung widmen.

Ebenso abstoßend sind auch die täglichen Talkshows. Ge*talkt* wird hier schon überhaupt nicht. Talk heißt übersetzt schlicht und einfach Gespräch. Was man bei den Sendungen allerdings beobachten muss, ist, das hier geschrien, gebrüllt, gepöbelt und beleidigt wird. Diskussion und Argumentation – Fehlanzeige. Ganz mies ist auch, dass die Anstaltsleiter dieser Sendungen, also die Moderatoren/innen sich leider dieses unwürdige Gebalge und Geäffe nicht nur gefallen lassen, sie unterstützen teilweise auch noch ihr asoziales Klientel. Eine sehr beliebte Methode scheint der Streit um anerkannte Vaterschaften zu sein, um zumindest die Frauen als doofe, nymphoman veranlagte Schlampen darzustellen. Traurig ist nur, dass sie es in den meisten Fällen auch sind. Auch bei Menschen, bei denen man denkt, wo kommt das denn her, ist das echt, gibt es keine Schamgrenze nach unten mehr, Hauptsache noch blöder, noch beleidigender und noch abartiger. Beliebt scheint in diesen Sendungen auch der pubertierende Postjugendliche zu sein, meistens in Sendungen mit Themen wie; „Hilfe, du hast meine Freundin schwul gemacht", oder, „Vaterschaftstest – Ich bin einer von acht Vätern".

Hier merkt man ganz deutlich, warum solche Sendungen nicht mehr ausgestrahlt werden sollten. Dort treffen Leute aufeinander die sich nicht artikulieren können, nicht zuhören können und vor allen Dingen sich gegenseitig nicht respektieren können. Und solange dies nicht wieder in der Schule gelernt wird, sollte man sagen: Passt mal auf, ihr Lieben! Erst mal zur Schule gehen, da auch wirklich was lernen, und wenn ihr dann soweit seit, dann können wir vielleicht noch mal einen Versuch starten, also in zwanzig bis dreißig Jahren.

Man darf einfach Dummheit, Asozialität und Analphabetismus nicht unterstützen. So schwierig dürfte das doch gar nicht sein. In einem Rutsch die BILD - Zeitung, RTL und die NPD verbieten. Mein Gott, damit wäre uns doch schon zumindest ein bisschen geholfen. Ich finde sowieso, die Intendanten der Öffentlich-Rechtlichen und der Privaten sollten sich mal zusammensetzen und über ihren Bildungsauftrag nachdenken (den übrigens nur die Öffentlich-Rechtlichen haben). Man könnte sich doch darauf einigen, von, sagen wir mal, mittags zwölf Uhr bis nachmittags 17 Uhr, erst mal nur Bildungsprogramme laufen zu lassen. Auf allen Sendern, gleichzeitig. Das hätte auch den zusätzlichen Vorteil, dass die Berufsarbeitslosen mal in den Genuss von was anderem kommen als den ewigen Verblödungssendungen. Da müsste das Bier doch direkt besser schmecken. Abends könnte dann vielleicht ein Beauftragter der Bundesregierung oder der Fernsehsender, stichprobenartig überprüfen, wer nachmittags aufgepasst hat und wer nicht. Und wer dann die Fragen nicht beantworten kann, der bekommt den Fernseher abgenommen oder dem werden die Programme verschlüsselt. Das ist auch ein von mir favorisierter Gedanke. Alles verschlüsseln.

Wenn die Asozialen, die diese Sender wie RTL und Konsorten schauen, dafür bezahlen müssten, würden sie wahrscheinlich selber sagen, für diesen „Scheiss" bezahlen wir nichts. Da die Befreiung der Rundfunk und Fernsehgebühren ja nur für die Öffentlich – Rechtlichen gelten, wäre doch bereits hier ein Grund für die Verdummung dieser Menschen beseitigt. Oder glauben sie tatsächlich, dass es Menschen gibt, die für die privaten Sender freiwillig Geld bezahlen würden? Kann ich mir nicht vorstellen. Ein weiterer Punkt, um die Konzentration und Aufmerksamkeit unserer grenzdebilen Jugendlichen zu fördern, wäre das Handy – Verbot. Wer zum Beispiel ein Handy haben möchte, müsste erst mal drei Fragen beantworten. Sagen wir mal aus dem Bereich der Kultur oder den Geschichtswissenschaften. Da würde sich doch jede Schüleramöbe auf den Hosenboden setzen und büffeln. Sie glauben gar nicht, wie schnell dann auf einmal auch der letzte Hinterwäldler die Politische Parteienstruktur in der föderalen Demokratie der Bundesrepublik Deutschland erklären könnte. Vorbei wäre es dann mit Aussagen wie „5 Prozenthürde, nee, da werd ich ja nie besoffen, sowat trink ich nich". Und jeden Tag müsste die Handyzugangsberechtigung neu erworben werden. Das wäre ein Spaß. Das Handy als Motivationswaffe im Kampf gegen die Blödheit. Und wer dann nicht mit dem Handy spielen, telefonieren, fotografieren oder mailen kann, der geht nach Hause. Weil er dann keine Dooffreunde mehr hat, und hier stellt er fest, das seine Familie ebenfalls doof ist, was wiederum bedeutet, das er auch kein Fernsehen mehr kann. Also wird er jetzt alles daran setzten, das auch seine lebensunfähigen Alkoholikereltern der Verdummungsmaschinerie abschwören.

Wenn die Eltern allerdings zu der Generation „Ich-trinke-auch-ohne-Fernseher", gehören, dann sieht es schlecht aus. Aber glauben Sie mir, es wäre vorbei mit Schule schwänzen, Lernverweigerung, Respektlosigkeit gegenüber dem Handy konfiszierenden Lehrkörpern und anderen Personen des alltäglichen Überlebens. Den humanen Aspekt dieser Vorschläge sollte man ebenfalls nicht außer Acht lassen. Das Einführen der Prügelstrafe zum Beispiel könnte ganz wegfallen. Auch das Prinzip der Schläge gegen das wiederholte Versagen bei Handyberechtigungsfragen könnte man außen vorlassen, da der Delinquent bereits mit der Erhöhungsstufe des Schwierigkeitsgrades der selbigen Fragen in einen Bereich kommt, der es ihm gänzlich unmöglich macht, jemals wieder überhaupt eine Frage beantworten zu können. Und sollte er es doch schaffen, eines fernen Tages eine der Premium-Fragen zu beantworten, dann können wir mit absoluter Gewissheit eins sagen: Er hat gelernt, gelernt, gelernt. Wenn wir dann nach vielen, vielen Jahren in den Bereich kommen, der es uns dann erlaubt, nicht mehr inhaltslos über die gesellschaftlichen Dinge zu diskutieren, dann können wir uns beruhigt einem weiteren Thema unserer heutigen Zeit widmen. Der Religion.

Wissen Sie, permanent über den Islam zu schimpfen, aber dann nicht erklären können, warum es in unserer westlichen Gesellschaft Menschen gibt, die Kinder in Abfalltüten stecken, an Balkongeländern in Blumenkästen verschachern oder einfach mit den Köpfen gegen die Wand knallen oder verhungern lassen, stellt uns in keiner Weise über die Menschen, denen wir Intoleranz, Grausamkeit oder Rückständigkeit vorwerfen. Als Verteidiger des Westens haben sie nämlich ganz schlechte Karten, wenn sie mal nachmittags den Fernseher anschalten. Hier müssen wir uns ernsthaft die Frage stellen, ob wir mit unserer Religion so viel besser bedient sind.

Als Atheist kann ich mich dieser Frage relativ ungezwungen nähern, wobei ich, wie ich am Anfang schon festgestellt habe, die Klerikalen in unseren westlichen Gefilden als Meister des groben Unfugs bezeichnen muss. Sie haben sich diesen Titel mit Abstand vor all den anderen verdient. Hier kommen wir auch mit Handyzugangsberechtigungen und Fernsehverbote nicht weiter. Das schlimme an den Klerikalen ist, das Sie jede Diskussion über ihre Rückständigkeit, aber auch ihre Verlogenheit und Grausamkeit mit dem Hinweis abschmettern, eine Laiendiskussion würde sich nicht lohnen zu führen. Die halten sich wirklich für SCHLAU! Aber wirklich passierte Ereignisse zeigen nun mal, wie diese Heuchler mit ihrer eigenen Scheinheiligkeit umgehen. Können Sie sich noch an das Jahr 1992 erinnern? In diesem Jahr geschah in Irland folgendes;

Ein vierzehnjähriges Mädchen, das oft mit ihrer besten Freundin spielte, wurde von dem Vater dieses Mädchens vergewaltigt. Als Folge dieser Vergewaltigung wurde das Mädchen schwanger, und nach langer Beratung mit ihren Eltern beschloss man, dass das Mädchen nach England gebracht werden sollte, um einen Schwangerschaftsabbruch vornehmen zu lassen. Man muss wissen, dass eine Abtreibung in Irland gegen das Gesetz war und dass man mit einer hohen Bestrafung rechnen musste. Bevor die Eltern dann mit ihrem Kind in Richtung England aufbrechen wollten, verständigten Sie noch die Polizei, um zu fragen, ob und wie man genetisches Gewebe der Frucht, im Falle eines Strafprozesses, der Polizei zukommen lassen könnte. Bis dahin ist unsere Geschichte noch nachvollziehbar. Die Polizei setzte sich mit dem zuständigen Leiter der Verfolgungsbehörde zusammen, welcher sich dann unverzüglich an den Staatsanwalt wandte. Dieser teilte der Polizei mit, sie solle der Familie die Nachricht übermitteln, dass so genannte genetische Fingerabdrücke vor Gericht nicht als Beweismittel zugelassen werden. Während die Eltern und das Mädchen sich ziemlich verwundert über diese Mitteilung auf den Weg nach London machten, leistete der Leiter der Anklagebehörde ganze Arbeit. Er erwirkte gegen die Eltern und das Mädchen eine einstweilige Verfügung des Hohen Gerichtshofes, dass die Abtreibung verbot und den Eltern befahl, sofort mit ihrer Tochter wieder aus England zurückzukehren. Diese waren so verblüfft, das sie dieser Anweisung Folge leisteten. Am 17.Februar wurde dann vor dem hohen Gerichtshof das Urteil gesprochen. Obwohl der Vergewaltiger ein böser und sittenloser Mensch sei, müsse das Mädchen das Kind austragen. Da das irische Volk in einer Abstimmung von 1983 dafür gestimmt hatte, dass das Recht ungeborenen Lebens garantiert werde, unter Berücksichtigung des gleichrangigen Rechtes der Mutter, müsse der Gerichtshof dieses Gesetz schützen und verteidigen. Soll heißen, egal ob die Mutter durch Inzest oder Vergewaltigung schwanger geworden war, egal ob Sie selbstmordgefährdet war, egal auch, ob die seelische Verfassung einer vergewaltigten Vierzehnjährigen auf dem Spiel steht, das Recht des ungeborenen Lebens, auch wenn es sich nur um einen ein paar Tage alten Fötus handelt, ist höher einzuschätzen als das Recht des Mädchens auf Unversehrtheit. Das muss man sich einfach mal auf der Zunge zergehen lassen. Vom Gesetz her zu jung, um einem Geschlechtsverkehr auch nur zustimmen zu können, geschweige denn, sich ein Kondom zukaufen oder Ehefrau zu werden, muss dieses Mädchen mit vierzehn Jahren Mutter werden, weil die heilige römische Kirche in Rom es so will. Ich schreibe das hier deswegen, weil die Gesetzesvorlage, über welche die Iren abgestimmt haben, im Wort und Text eins zu eins von der Kirche in Rom übernommen wurde. Dass die Iren dieses Gesetz auch hätten ablehnen können, kann man ihnen irgendwie nicht so richtig zum Vorwurf machen, da sie als strenggläubige Christen nicht damit rechnen konnten, dass sich ein solcher Wahnwitz daraus entwickeln würde.

Die Reihenfolge für sie war klar. Rom gibt vor, die Vorlage wird von der Bevölkerung dann zum Gesetz verabschiedet, und der Richter hat sich an die vom Gesetzgeber erlassenen Gesetze zu richten. Dieser Hokuspokus macht einmal mehr klar, in wie vielen Bereichen eine omnipotente Kirche in unser Leben hinein pfuscht. An diesem Beispiel, es ist übrigens nur eins von unzähligen, zeigt sich ziemlich deutlich, wie krank und verkommen die Kirche samt ihren Oberen ist. Zu bestimmen, das ein unsägliches Verbrechen wie das Vergewaltigen eines Kindes unweit weniger zu bewerten ist als das Abtreiben der aus dieser Tat entstandenen Frucht, ist leider schon mehr als grober Unfug. Hier gehören der Papst und seine kritiklosen Vertreter zu den Menschen, die man ohne weiteres in einer Reihe mit den großen dieses Genres, Hitler, Stalin, Pol Pot, Mao und noch so viele mehr, einreihen kann. Um dem ganzen aber die Krone aufzusetzen, möchte ich noch kurz erzählen, wie die Geschichte mit dem vierzehnjährigen Mädchen weiterging. Nach dem Urteil verfügte das Gericht, dass das Mädchen, was sich in ihrer Suche nach Hilfe an die Polizei gewandt hatte, damit man den Vergewaltiger bestrafen konnte, für die Dauer ihrer Schwangerschaft interniert werden sollte. Dies war dann der berühmte Tropfen, der das Fass zum überlaufen brachte. Gegen einen landesweiten Protest, der nun losbrach, verfügte das Oberste Gericht die Aufhebung des Urteils des Hohen Gerichts und stellte die Gesundheit und das Leben des Mädchens über dem des ungeborenen Fötus.

Typisch war die Reaktion des Erzbischofs von Dublin, der das Urteil des Obersten Gerichts scharf kritisierte, mit der unglaublichen Begründung, dass der Nazi-Holocaust im Vergleich mit den Abtreibungen nichts anderes sei. Selbst auf die Gefahr eines Selbstmordes der Mutter sei das Leben des Ungeborenen zu schützen. Hierzu fällt mir wahrlich nur eins ein. Immer mitten in die Fresse rein. Unglaublich, die Vergewaltigung eines Mädchens als schändlich zu beurteilen, die daraus resultierende Frucht des Leibes aber als heilig zu betrachten.

Ein weiteres Kapitel, was die Klerikalen gerne außer acht lassen, bzw. gar nicht mehr erwähnen, ist die Tatsache, dass es bereits in der Antike ein gutes Miteinander zwischen den Priestern und den Prostituierten gab. Dieses resultierte ersten aus der Ansicht, das man es einfach nicht einsah, warum man nicht der sexuellen Lust nachgeben sollte, wo, wann und mit wem auch immer. Und bei dem mit wem, Sie ahnen es bereits, kommen unsere früheren Priester mit ins Spiel. Da die Bevölkerung im einfachen Leben vom Organisieren und Anbieten von Dienstleistungen keine Ahnung hatte, übernahm diese Aufgabe die Priesterschaft. Sie organisierte die Prostitution im Schatten der Liebestempel und kassierte dabei kräftig mit.

Der Bischof Johannes von Straßburg gründete zum Beispiel 1309 ein eigenes Bordell, da die Liegenschaften im päpstlichen Besitz waren. Und so wurden sie an Bordellbetreibern einfach weitervermietet. Bordelle waren auch damals schon legal und brachten dementsprechend auch Steuern ein. Nur zur Karwoche mussten die Bordelle geschlossen bleiben (Kirchliche Anweisung), soviel Anstand sollte dann doch noch gewahrt bleiben. Da der Klerus noch unkeuscher lebte als die Laien, und mit einem beträchtlichen Hang zum Inzest, beschloss das II.Lateranum 1139, das Zölibat für ihr Personal festzuschreiben. Die daraus resultierende Reaktion der Priester bestand darin, dass sie einfach ihre Ehefrauen gegen Mätressen und Huren eintauschten. Oftmals war dann, um den Schein zu wahren, die Ehefrau auf einmal die Mätresse.

Also. liebe Päpste und Kleriker des Lateranums II., ich muss schon sagen, Spitzenidee, ehrlich. Und so sinnvoll auch. Auch die Nonnen beteiligten sich nicht ganz unerheblich an diesem Wettbewerb. In seinem Buch „Das älteste Gewerbe - Eine Kulturgeschichte" von 1965 schrieb der Autor Lujo Bassermann, das es nicht ungewöhnlich war, das Nonnen sich der männlichen Findlinge annahmen und diese, sobald sie größer wurden, auch mit ins Bett nahmen. So kam es zum Beispiel vor, das bei dem Brand des Klosters „Unserer Lieben Frau zu Straßburg", Nonnen eng umschlungen mit ihren Zöglingen aufgefunden wurden. Auch kam es vor, das ehrliche Huren sich des Öfteren über den unlauteren Wettbewerb mit den Nonnen offiziell beschwert haben, da diese teilweise bis zu einem Grad sittenlos waren, das selbst den Huren der Kopf wackelte. Man fragt sich unweigerlich, warum sich die verlogenen Kirchenmänner so sehr gegen das sträuben, was sie selber gefördert haben und auch heute noch unter dem Mantel des Zölibats und der Enthaltung treiben, und das genau wie früher weit doller und heftiger als der monogam veranlagte heterosexuelle Mann es je wagen würde.

Um die Schlechtigkeit, der sexuellen Phantasien von Männern, nachweisen zu wollen, ist die Kirche aber auch zu jedem Unfug bereit. So habe ich bei der Lektüre von Peter de Rosas Buch „Der Vatikan - Von Gott Verlassen" folgende Passage gefunden, die ich Ihnen nicht vorenthalten möchte. In dem Werk „Über den Gottesstaat" von *Augustinus* heißt es in einer Passage: Eine spontane Erektion ist der Beweis, dass der Mann einer gefallenen Menschheit angehört. Der Penis geht rücksichtslos seinen eigenen Weg, sozusagen. Vor dem Sündenfall konnte Adam wie ein Kunstsachverständiger Evas Nacktheit betrachten und erst dann »ohne Leidenschaft, in völliger Ruhe des Geistes« selbst beschließen, eine Erektion zu bekommen. »Er konnte seinen Samen so unschuldig durch die Vagina in den Schoß ergießen, wie jetzt der Menstruationsfluß sich ergießt« (XIV, 26). Als Adam Gott ungehorsam wurde, wurde sein Penis ihm ungehorsam. **Wahnsinn!!!** Wer spätestens hier noch nicht an den Verstand der Kirche und ihren Moraltheologien zweifelt, dem ist wirklich nicht mehr zu helfen. Wenn das als Satire oder als Witz gemeint gewesen wäre, dann hätten diese Verweigerer des Verstandes sicher eine große Anzahl von neuen Fans gewonnen, aber das ist ernst. Für Gläubige muss dies das Armageddon auf Erden sein. Mein Schwanz gehört nicht mir, sondern denen. Lieber Gott, was soll ich den beim Pippi machen erst tun, ich muss IHN da doch auch anfassen? Mit so einem unausgegorenen Nichts von Lebenshaltung richtet die Kirche doch vielmehr Schaden an, als jeder billige drittklassige Schundsexfilm oder jede debile Sexzeitschrift. Manchmal denke ich wirklich, der Tag des Jüngsten Gerichts sollte langsam kommen. Den Spaß möchte ich nun wirklich nicht verpassen, wenn Klerikalterroristen ihren unglaublichen Mummenschanz einem verdatterten Jesus vortragen und rechtfertigen wollen. Das gibt eine Mordsgaudi! Aber leider ist es eher wahrscheinlich, das die Kirche Jesus als unqualifizierte Autorität ablehnt, denn mal ehrlich, was hat Jesus Christus eigentlich mit dieser Kirche am Hut? Richtig, NICHTS! Er hat sie weder gegründet, noch gewollt und schon gar nicht über sie gepredigt!

Nachtrag über die Vorstufe des groben Unfugs!

Wenn ich mich nach ein paar Gläsern Wein in meine abendliche „Das –Lebend-Ist-Doof-Depression" gesteigert habe und mich an meinem persönlichen Lebensweg, von Anfang an bis jetzt, zurück erinnere, muss ich feststellen, dass das Leben durchweg ein einziger Lug und Betrug ist. Dabei habe ich festgestellt, dass es vollkommen egal ist, in welchen Abschnitt meines Lebens ich mich gerade befinde. Uninteressant, ob ich gerade zwei, zwanzig oder zweihundert Jahre alt bin. Jede Dekade hat sein eigenes Quantum an Verlogenheit. Es fängt bereits an, wenn man das künstliche und elektrische Licht der Welt erblickt. Noch nicht mal eine Minute ist vergangen, da geht es auch schon los: „Was für ein Prachtkerl/ -mädchen.", „Und so hübsch/ niedlich, süß", etwas später dann, wenn man bei Verwandten und Bekannten vorgeführt wird, „Ganz der Papa.", „Ganz die Mama.", „Die Augen hat er/sie aber von Großmutter.", „Die großen Hände ganz der Opa.", „Wie lieb es doch ist.", BLA BLA BLA BLA.

Alles, mit Verlaub, totale Scheiße. Babys sind schrumpelige, hässliche, verbeulte Dinger und nerven im Anfangsstadium. Da das Ding das auch noch weiß, macht es einem das Leben erstmal gründlich zur Hölle. Die ersten Monate und eventuell Jahre verbringt es nämlich mit nichts anderem als schreien, fressen und scheißen.

Bei meiner letzten Lesung übrigens meinte eine ältere Dame zu mir, das wäre wohl was drastisch ausgedrückt. Oha! Sie bevorzuge folgende Wortwahl; Das Schreien nannte sie „Artikulations-Aggression", das Fressen ein „nonchalantes Äquivalent zum Hungerödem" und das Scheissen einen „bedarfsorientierten Umgang mit der Fäkalsituation". Na, herzlichen Glückwunsch auch! Ob „Artikulations-Aggression" oder Schreien. Egal. Das Ding macht Krach, Radau, Lärm! Dann drei, vier oder fünf Jahre später, wenn das Ding halbwegs menschliche Formen angenommen hat und mittlerweile weiß, wer Vater und wer Mutter ist, registriert hat das Weihnachtstage, Feiertage und Geburtstage was besonderes sind, kommen die Irrungen weiterer verfehlter Erziehungsbemühungen zu Tage.

Bei mir war es so, das man mir als erstes erzählte, es gäbe einen Nikolaus. Gelogen! Dann sagte man mir, es gäbe einen Weihnachtsmann, ebenfalls nicht korrekt, und dann kam das wirklich perfideste und hinterhältigste und gemeinste, was mir bis dato erzählt worden war. Es gäbe einen Osterhasen! Dieser bringe einem auch die Ostereier und genau wie bei dem Nikolaus und dem Weihnachtsmann nur dann, wenn man brav gewesen sei! Sollte man das allerdings generell als Grundlage nehmen, dürften Kinder erst ab 18 Jahre und später Geschenke bekommen. Aber zurück zum Osterhasen. Das fiese an dieser Behauptung ist, das es ja wirklich Hasen gibt.

Sie existieren und Kinder, die nicht gerade den „Spiegel" abonniert haben, sehen und glauben: Aha – jetzt hat die Realität Einzug gehalten! Aber Pustekuchen! Abgesehen davon, das man in diesem Alter bereits mitbekommen hat das der Nikolaus und der Weihnachtsmann Männer mit mindestens zwei Promille sind, denen spätestens nach drei Stunden der Bart verrutscht und meistens von Papa oder einem Mietstudenten gespielt werden, ging die Osterhasenposse unverzüglich in die nächste Runde. Nämlich bei einem Besuch der Oma, die praktischerweise auf dem Land wohnt und einige Tiere hat. Das Huhn zum Beispiel. Und hier knallt die Realität gnadenlos auf den Verlogenheitskonservatismus der Eltern. Das Huhn legt die Eier! Nicht der Osterhase!!! Ergo, wie kommt der Hase an die Eier? Tauscht er mit dem Huhn? Klaut der Osterhase sie? Sind die beiden etwa verwandt? Fragen über Fragen und eine sich spontan ausbreitende Erklärungsnot entstehen! Was nun?

Um es vorweg zu nehmen, der Streit um die Oster bzw. Hühnereier dauerte zwei Jahre, bis meine Eltern in einer offiziellen Pressekonferenz im Kinderzimmer den Osterhasen zur Persona non grata erklärten. Das war also geschafft. Sieg! Der erste und für die nächste Zeit aber auch definitiv einzige Triumph, den man mir zugestand. Aber viel Zeit, darüber nach zudenken gab es sowieso nicht, da jetzt die wohl bisher dreisteste Lüge folgte: Man erzählte mir es gäbe Gott!

Und da ist dann wirklich erst mal Schluss mit lustig. Nach dem Desaster mit den ersten drei Fabelwesen wird man misstrauisch und wartet erst mal ab, was passives Verhalten in punkto Wahrheit bewirkt. Dabei habe ich, wie ich ehrlicherweise feststellen musste, die elterliche Schläue gnadenlos unterschätzt. Denn jetzt kamen sie zur Untermauerung ihrer Wahrheit mit dem „Sankt Martin". Und den gab es unzweifelhafter weise wirklich, schließlich war er ja jedes Jahr nach dem bescheuerten Fackelbasteln, bei denen im Vorfeld schon die Hälfte der Dinger im Sinne des Namens wortgetreu wegfackelten, im November auf dem Pausenhof unserer Grundschule zu Gast, um einen armen Bettler, der Hausmeister - wie jedes Jahr lausig verkleidet, ein Stück seines Mantels gegen die eisige Kälte bei 17 Grad plus zu überlassen.

Allerdings gab es auch hier einige unglückliche Begebenheiten, da der heilige Martin an zwei aufeinander folgenden Jahren jeweils sternhagelvoll vom Pferd geknallt ist, wobei er sich beim zweiten Mal fast mit seinem Schwert geköpft und den Bettler erschlagen hätte. 120 Kinder außer Rand und Band. Eine bleibende Erinnerung! Wenn ich zu diesem Zeitpunkt zurückblicke, so fällt unweigerlich eines auf: Nikolaus besoffen, Weihnachtsmann besoffen, Sankt Martin besoffen. Wo ist der Haken bei dem Osterhasen und bei Gott? Nach einigem Nachfragen entdeckt man, das auch bei denen was nicht stimmt.

Beim Osterhasen sind es nicht nur die Eier, die er nicht bekommt, nein, aus diesen wird auch noch Eierlikör gemacht. Schon wieder Alkohol. Das ist dieses Getränk, nach dem sich die Frauen immer so seltsam benehmen, wenn sie mehr als zehn oder so davon trinken. Hat bestimmt jeder schon mal gesehen. Passiert höchstens einmal im Jahr und ist lustig.

Bei Gott allerdings sah die Sache etwas anders aus. Da der Begriff Gott mir zu abstrakt war, machte ich mich hier auf die Suche nach einem Jesus Christus. Und siehe da - Strike! Das war ein Volltreffer. Ein heruntergekommener Streuner ohne Arbeit und ohne einen erlernten Beruf. Gespart hatte er auch nichts und aus Wasser pantschte er, raten sie mal, richtig, Alkohol. Nämlich Wein. Zu allem Überfluss war er dazu noch mit Vorliebe in Gesellschaft von Prostituierten, Spitzbuben und Halunken. Bravo!

Wenn man das jetzt zusammenfasst, fragt man sich doch ehrlich, was für Vorbilder haben die Eltern eigentlich? Drei erfundene Gruselgestalten, ein durch geknallter Eierlikörhase und ein heiliger Martin. Wobei man sich einfach nicht des Eindruckes erwehren kann, dass dieses ganze Kasperletheater nicht zum Vergnügen für die Kinder erfunden wurde, sondern einzig und allein, um den Erwachsenen ein subventioniertes Saufen zu ermöglichen Wer will hier eigentlich wen veräppeln? Man könnte den Verdacht bekommen, es sind nicht unbedingt die Kinder, die unzurechnungsfähig sind!

Nach dem man nun berechtigterweise Zweifel an den Erwachsenen bekommen hat, geht das Spiel auch schon weiter. Es naht, je nach Klubzugehörigkeit, die Kommunion oder Konfirmation.

Hier kommt man zum ersten Mal mit weltbewegenden Themen wie Sünde, Unbefleckte Empfängnis und, richtig, Selbstbefleckung, sprich, Onanie in Kontakt. Laut unserem Pfarrer setzt sich das Wort wie folgt zusammen: O (wie; O Gott, Sünde!), Na (wie; lass bloß die Finger davon) und Nie (wie; das ist schädlich und man bleibt nur Gesund, wenn man es NIE macht). ONANIE! Wenn man es trotzdem wagte, Hand an sich zu legen, versprach der Pfaffe einem, dass das Rückenmark darunter leide und man zum Krüppel werde. Ebenfalls würde man, sie wissen schon was kommt, vom onanieren auch Blind werden.

So lässt man dann zehn, elf, zwölf Jährige teilweise jahrelang mit der absurden Vorstellung rumlaufen, das Krüppel und Blinde, die es eh schon schwer genug im Leben haben, perverse Wichser sind. Und es dauert immerhin, bei einigen länger und bei anderen weniger, einige Zeit um herauszufinden, dass auch dies wieder mal ein von den Erwachsenen erfundener Mumpitz ist.

Darauf ein Ave Maria! Prost Hochwürden, möge die Hölle die Schandtaten an den unschuldigen Kindern ausnahmsweise mal in angemessener Weise würdigen. Wenn sie jetzt glauben, es sei endlich Schluss mit den Lügen und den Betrügen, Pech gehabt. Falsch! Es geht nämlich weiter mit der Zeit der Selbsterfahrung und der Puppität.

Ja, und dann rauscht sie auch schon heran. Die Zeit der ersten großen Liebe. Diese „Willst-Du-Mit-Mir-Gehen-Ja-Nein-Vielleicht-Zeit", und SIE will selbstverständlich. Bevor man sich dann versieht, beginnen die rosa Wölkchen, wie sie flauschiger und weicher nicht sein könnten, über dem Horizont zu schweben. Mit lustigen Begleiterscheinungen wie Herzklopfen, Schweißausbrüche, gefolgt von den ersten zarten „Ich will immer bei dir sein" und den „Ich lieb dich aber mehr – Nein, ich lieb dich mehr – Stimmt nicht, ich liebe dich noch tausendmal viel mehrer - und so weiter und so fort - und natürlich, das darf nicht fehlen, den ultimativen, nicht wegzudenkenden „Schmetterlingen im Bauch."

Was bei uns schon mal zu der berechtigten Frage führte: Dürfen Vegetarier Schmetterlinge im Bauch haben (Die Antwort wird übrigens immer noch Ergebnis offen diskutiert. Anm.d.Verf.)? Dann geht diese wunderschöne Zeit auch schon wieder zu Ende. Also nach circa vier bis sechs Wochen, ungefähr. Man ist sich lange genug auf den Wecker gegangen und die olle Ziege meckerte sowieso in den letzten Tagen nur noch rum. Aus den Rosawolken, den flauschigen und weichen werden graue Gewitterwolken. Daher stammt übrigens auch der Begriff „Gewitterziege". Ist ja auch logisch. Der Satz, „First Cut Is The Deepest" behält seine Gültigkeit aus diesen Tagen trotzdem meist ein Leben lang. Eine schaurig traurige Erfahrung, die deswegen in wohliger Erinnerung zurückbleibt, weil es danach nur noch traurig schaurig wird. Der Unterschied, dieser später gern liebevoll verklärten Zeit der Jugendlieben, zu der sich nun anbahnenden Katastrophe, im Fachjargon auch humorvoll „Tragödie des Lebens" genannt, also die Ehe, besteht in der veränderten Art der Aussagen und Versprechen.

Ein vorher oftmals hin gehauchtes lapidares „Ich bleib für immer bei dir" erfährt nun eine Steigerung zum „Bis an dein Lebensende", was nicht nur in damaligen Zeiten als versteckte Drohung aufgefasst wurde. Vorangehend auch hier diese unsäglichen Süßholzraspeleien von ewiger Treue und Liebe, welche, wie in vielen griechischen Tragödien, mit einem Drama enden. Zumeist dann, wenn aus Schatzi und Mausi, Arschloch oder dumme Kuh werden und der ewige Treueschwur des Eheversprechens einem am Arsch vorbeigeht. Was meistens der Fall ist, wenn der bzw. die Alte eine Ablöse gefunden hat. Tragisch dabei ist allerdings, das der Gehörnte, wie **immer** erst als letzter Bescheid weiß. Wenn also das ganze Dorf hämisch grinst, muss das nicht immer ausschließlich aus freundschaftlichen Gründen geschehen. Es kann auch schlicht und einfach heißen: Du Depp!

Da diese Art der Tragödie zumeist mit finanziellen Nachspielen inklusive Bankrotten und schmutzigen Schlammschlachten geschlagen wird, wird sie zu Recht als die Königsklasse des Zusammenlebens bezeichnet, welche mit den jugendhaften, unschuldig schuldigen Ränkeleien der sorglosen Zweisamkeit ohne Verpflichtungen nichts gemein hat. Aus dem früheren saloppen „Ich hab' ne Neue", „Die war doch Doof", und „Weg ist'se!" wird nun ein verhasstes „Den mach ich fertig" oder „Bluten soll er".

Hier sind der Phantasie und dem Erfindungsreichtum keine Grenzen in der nach oben offenen Bewertungsskala gesetzt. Das Drama ist perfekt. Nachdem man nun an diesem Punkt in seinem Leben angelangt ist, hat man eigentlich die Nase von Lügen, Betrügen und Ausbeuten so voll, das der eigens angeborene Fatalismus scheinbar nun mit allem abgeschlossen hat. Aber auch hier, Trugschluss. Nach der Geburt, dem Nikolaus inklusive Kumpanen, den rosa Wölkchen und der Tragödie des Lebens, hält das Drama eine letzte Steigerung parat! Das „Finale Furioso". Der Abgang. Tod. Exitus. Das Ende. Und hier wird nochmals groß aufgespielt und der letzten Szene des Lebens eine endliche Krone aufgesetzt, ohne das man das Zepter der Regie jemals in den eigenen Händen gehalten hätte. Der letzte Akt! Er beginnt mit der verlogenen Heuchelei der Anteilnahme an dem Ableben des Verstorbenen. Dreiviertel der Beerdigungsgäste sind nur aus drei einfachen Gründen da:

a) Der Leichenschmaus danach.
b) Sicher gehen, das der Verstorbene auch wirklich unter die Erde kommt.
c) Ablästern über die am Grab gelegten Beileidskränze.

Das letztere ist sowohl in unteren, mittleren und oberen Schichten ein mittlerweile beliebter Volkssport geworden. In der Beliebtheitsskala abendländischer Kulturen bereits hinter Fußball und Tennis.

Je nach Grad der Verabscheuung für den Hinterbliebenen kann die Reihenfolge a), b), c) natürlich variieren. Man merkt dies meistens an den geflüsterten Bemerkungen wie: „Geht das noch lange?", „Mach fertig.", „Ich hab Hunger.", „Guck mal, von wem ist denn der Kranz!", „Schmitz kommen wieder mal zu spät." Und so weiter und so fort.

Der Tote wird währenddessen von einem normalsterblichen Lebewesen in den Stand der Heiligkeit erhoben. Trotz Versagens, Fremdgehens, Steuerhinterziehens, Charakterschwächen und allen weiteren üblichen Normalitäten. Die Quacksalber und Pfaffen, die als Honorarprediger selbst den übelsten Spitzbuben noch ein Engelsgewand überziehen, nehmen sich in der Masse der Heuchler und Scheinheiligen ebenfalls nicht aus. Jetzt wäre der Moment gekommen, um wenigstens einmal etwas wie Aufrichtigkeit zu demonstrieren.

In dem man zum Beispiel während der Lobhudeleien einfach mal aufsteht und laut und deutlich sagt: „Das stimmt nicht! Er war kein guter Mensch. Er war einfach ein Sack, unerträglich und unausstehlich!" Aber selbst jetzt wird diese Tradition der gesamten begleitenden Lebenslügen noch fortgeführt. Man könnte ja schließlich selbst mal tot sein, und wer weiß, was die anderen dann so sagen würden. Da ist man dann lieber still und meckert heimlich hinter dem Rücken und der Gang der Dinge nimmt weiter seinen Lauf. Das „Finale Furioso" erreicht seinen Höhepunkt, den Beerdigungskaffee danach. Am Niederrhein ist es eigentlich Brauch, diesen mit einem Streuselkuchen zu begehen. Scheint den meisten aber, wie das ganze Leben, zu trocken zu sein. Daher ist es mittlerweile Gang und Gebe, ein Beerdigungsfrühstück abzuhalten, mit Brot, Brötchen, Gedöns, Kaffee und sonstigen Getränken.

Der mit Abstand wichtigste Aspekt dieses Rituals – sonstige Getränke. Wie immer wird man auch jemanden Fragen hören: „Was gibt es denn?". Die Antwort lautet dann: „Kaffee und so was…!" Hier biegt dann das Finale in den Zieleinlauf ein. Und die Schlussfrage lautet: „Wie kommen wir schnellst möglich an „und so was", ohne die dämlichen Brötchen und den ganzen Schnickschnack zu essen?", und weiter folgend natürlich: „Wer traut sich als erster, einen Schnaps oder ein Bier zu bestellen?" Die bedrückten Gesichter, die sie auf solchen Beerdigungsevents sehen, bedeuten nicht unbedingt Trauer, sondern eher Durst und „geht das nicht schneller?". Hat dann allerdings jemand angefangen, sich ein „und so was" zu bestellen, ist die Hemmschwelle dieser treuen und ehrenhaft verlogenen Freunde im Nu verschwunden. Die Gesichter hellen sich wie von Zauberhand auf und der neue Grabstellenbesitzer darf zum letzten Mal und - wie so oft in seinem Leben - die Zeche zahlen.

TEIL II: CARMEN

Sapienti sat

(Für den Verständigen genug)

Plautus (aus dem Perser) 4, 7, 19.

TM

M
B
∘
A
R
T
B
O
X

- - - - - - - -

Gedichte
&
Gedanken

Land der Dichter und Denker

Bewundert, bestaunt,
respektiert und beneidet,
so sah einst die Welt
dieses Volk, diese Vielfalt.
Von Goethe zu Lessing,
Dürer zu Haydn,
geliebt wurde Dichtung,
Musik und die Kunst.
Dann ein Grollen,
ein Unmut,
verstärkte Dummheit,
die Menschen schrien,
verwandelt in Hass,
Verbrechen gediehen,
der arische Willen
durch Stumpfheit genährt,
den Großen und Guten
die Stimme verwährt,
Verwandlung der Infantilen,
vom Größenwahn verzerrt,
verwechselten sie Götter,
unkommentiert und unbelehrt.
Von Goethe zu Goebbels,
und Lessing zu Göring,
aus Haydn wurde Hitler
anstatt Dürer ein Führer.
So wurde ein Land
mit vielen Dichtern und Denkern,
ein schreckliches Land
aus Richtern und Henkern.

Dieses große Unrecht,
von den Tumben nie verstanden,
führt heut noch zu Kontroversen
in neudeutschen Landen.
Weg mit den Mördern,
den Richtern und Henkern,
zurück in den Kultus
mit Dichtern und Denkern.

Republik nun statt Reich,
mit Brandt'scher Mentalität,
zum Glück sind nicht alle gleich,
schön, wenn man hier auch mal versteht.
Wir dürfen nicht mehr vergessen,
keine Länder mehr entzweien,
es fällt schon so schwer genug
dem Tätervolk zu verzeihen.

TM

M B

○

A R T B O X

- - - - - - - -

Gedichte
&
Gedanken

Allein in der Herde mit Henry Miller

Menschen kommen
Menschen gehen
Dein Leben
Ist für Dich vorgezeichnet
Sehr regelmäßig
Sehr reguliert

In Wirklichkeit
Fühlst Du dich schlecht
Du hast das Gefühl
Mit der Herde zu rennen
Und die Herde ist
In panischer Flucht

Keiner weiß
Wohin er läuft
Aber jeder bleibt dicht
An der Seite seines Nachbarn
Sollte jetzt jemand stehenbleiben
Plötzlich und abrupt
Und nicht mehr der Herde folgen
Würde das die Masse
Überfordern und
eine Katastrophe auslösen

Der Gang der Dinge
Der Lauf der Herde
Das kleine Rädchen im Ventil
Kann zerstören aller Herden Ziel

Ich rufe dir zu:

BLEIB STEHEN!

™

M B

∘

A R T B O X

- - - - - - - -

Gedichte
&
Gedanken

Stunden des Wartens

Das Jazzecho vibriert
Die Kunstzeitung lacht
Das Farbband am Ende
Wieder eine lange Nacht

Verloren im Gedanken
Die Kerzen abgebrannt
Schatten verschwinden
Der Mond weggerannt

Der Wein schon getrunken
Die Schallplatte abgespielt
Zigaretten qualmen im Dunkeln
Ohne Zeitpunkt ohne Ziel

™

M B

○

A R T B O X

- - - - - - -

Gedichte
&
Gedanken

3000 Worte

Immer dieses Gejammer
Dieses Genöle
Trink nicht soviel
Rauch nicht so viel
Kümmere dich doch auch mal um was
Steh doch mal früher auf
Und dann kommt mein Lieblingssatz:
Denk dran, du bist nicht der einzige
Auf der Welt,
Draußen gibt es immer einen,
Der ist besser als du, vergiss das nicht

Die leere Drohung aller
Die nicht den Mut haben
Konsequenzen zu ziehen
Und jemanden zu verlassen
Ich wundere mich nur darüber
Das Leute die so was sagen
Sich selber immer ausnehmen
Natürlich gibt es IMMER jemanden
Der mehr weiß, mehr kann, mehr macht
Und auch noch mehr erreicht hat
Aber ebenso gibt es dafür hunderte
Die eben nicht besser sind
Die nicht mehr können
Die nicht mehr machen
Und dann denke ich
1 : 100 oder zu 1000
So schlecht ist die Quote doch gar nicht
Deswegen
Flasche auf – Ohren zu
Weiter trinken, rauchen etc. etc.
Und da der nächste Jammeranfall sowieso kommt
Lege ich mich erstmal hin
Im Hintergrund höre ich schon wieder
Wie kann man sich nur tagsüber ins Bett legen
Ich sage nix und denke noch
Bevor ich einschlafe
Wer findet eigentlich Leute gut
Die bereits um 12:00 h mittags
Mehr als 3000 Worte gesagt haben

TM

M B

∘

A R T B O X

- - - - - - - -

Gedichte
&
Gedanken

Der Puppenspielmeister

Er zieht die Fäden des Lebens,
im Licht und im Schatten,
nie versucht und vergebens,
jongliert er die Latten.

Er spielt nicht mit Hybris,
er zelebriert seine Kunst,
mit livrierter Physis,
voll zarter Inbrunst.

Mit Puppen der Freiheit,
jedweder Couleur,
versucht er die Wahrheit,
in romantischem Flair.

Doch glaubt nicht zu hoffen,
das Spiel wär gefälscht,
er zeigt stets im Kultus,
euer eigenes Selbst.

Ob Kaiser, ob König,
ob hoher Kardinal,
die Bösen wird er entlarven,
mit breitem Fanal.

Mit Spott und Satire,
Zynismus, Ironie,
die Köpfe müssen Rollen,
der Pöbel verzeiht nie.

Brüllen und Fluchen,
das kann ein jeder,
zu sagen was los ist,
ist um so viel schwerer.

Für das Volk immer Sozius,
vertritt er Ihre Geister,
Er bleibt stets der Genius,
Der Puppenspielmeister.

TM

M B
○
A R T B O X

- - - - - - -

Gedichte
&
Gedanken

Zum Gedenken an Wolfgang Neuss

Dreieinigkeit minus Eins

Ist ihnen schon mal aufgefallen,
das die drei Begriffe
POLITIK
INTELLIGENZ
und
EHRLICHKEIT
oftmals in Berichten und Nachrichten
auftauchen?

Das erstaunliche an diesen Begriffen ist,
sie passen nicht zusammen.
Ein Begriff schließt sich immer aus,
egal wie sie es kombinieren und drehen.

Ich zeig ihnen das mal:

Wenn sie ehrlich und intelligent sind,
dann sind sie nicht in der **Politik**.

Wenn sie ehrlich und in der Politik sind,
dann sind sie nicht **intelligent.**

Und wenn sie in der Politik und intelligent sind,
dann sind sie nicht **ehrlich.**

Mehr ist dem nicht hinzuzufügen.

™

M B
○
A R T B O X

Gedichte
&
Gedanken

Ansichten von der Zivilisationstheke

Der Aufschwung

Haben Sie ihn schon gesehen
Wo ist er denn nun
Der Aufschwung
Und alle sagen jetzt immer
Er wäre endlich da
Also, um ehrlich zu sein
Ich habe ihn noch nicht gesehen
Vielleicht hat er ja nur unsere Straße verpasst
Aus versehen
Oder nur unser Haus, in dem ich wohne
Aber bei meinen Nachbarn
War er auch noch nicht
Das wüsste ich nämlich
Das hätte ich mit bekommen
Erst gestern sagte noch jemand
Der Aufschwung stände jetzt quasi vor der Tür
Und als es heute dann klingelte
Hab ich schon gedacht
Siehste, jetzt ist er doch da
Auch bei uns
Aber denkste
War der Gerichtsvollzieher
Und ich frag noch: Sind Sie der Aufschwung
Was soll ich sagen
Kein Humor der Mann
Ist aber auch verständlich
Der hat ja schließlich auch Angst
Wenn nämlich jetzt der Aufschwung
Tatsächlich bei allen ankommt
Dann hätte er ja nix mehr zu tun
Dann wär er ja praktisch arbeitslos
Müsste sozusagen bei sich selber den Kuckuck kleben
Auch nicht schön – so was
Übrigens, bei meinem Ex-Chef
Den habe ich neulich gesehen
Der fuhr'nen dicken neuen Wagen
Bei dem ist der Aufschwung angekommen
Hat als Dank dafür noch mal 5000 Arbeiter entlassen
Da ist dann schon irgendwie klar
Das der ein neues Auto fährt

TM

M B
○
A R T B O X

- - - - - - - -

Gedichte
&
Gedanken

Ist schon'ne komische Sache
So ein Aufschwung
Und wenn ich mir das recht überlege
Aufschwung heißt doch
Das man von da, wo man ist
Also von Unten oder der Mitte
Eins höher kommt also nach oben kommt
Zumindest ein bisschen mehr Geld kriegt
Man schwingt auf
Aber was ist eigentlich
wenn man schon oben ist
Da kann man doch gar nicht mehr höher
Hoch – Höher – Am Höchsten
Mehr geht doch gar nicht
Ach so – Gottgleich, aha
Verstehe
Vielleicht hatte er ja auch gar keinen Aufschwung
Mein Ex - Chef
Vielleicht ist er ja einfach nur gierig
Soll ja kein Einzelfall bei denen da oben sein
Man weiß es ja nicht so genau
Aber hinkommen könnte es schon
Na ja, schon seltsam
Aber vielleicht kommt er ja doch noch
Ich würde ihn auf jedenfall nicht wegschicken
Scheint ja ansonsten doch ein netter Kerl zu sein
Der Aufschwung…

TM

M B ∘ A R T B O X

Gedichte
&
Gedanken

Der Ehrenmann

Immer freundlich, immer grüßend,
gut gelaunt er stets gewinkt,
nur nachts wird er grauslich,
schlägt heimlich das Kind.

Wenn er richtig gut drauf ist,
und raus lässt die Sau,
hat das Kind nichts zu befürchten,
dann haut er seine Frau.

Doch Ausnahmen gibt es,
besonders an den Festtagen,
dann macht er sich fein,
um beide – zuschlagen

Flache Hand oder Fäuste,
Tritte nach dem Schlagen,
auch Spucken und Schubsen,
steigern sein Wohlbehagen.

Immer freundlich, immer grüßend,
Hoch angesehen in der Stadt,
Parteipolitisch prüfend,
drehte er das große Rad.

Doch plötzlich, im Hause,
auf einmal alles ganz still,
irgendwas war geschehen,
die Frau spielte „Kill Bill".

Vier Tage später,
ich traf die Frau, ihr ging's besser,
ich fragte was los war,
sie lachte – er fiel ins Messer.

Es trauerte die Stadt,
als sie das Kind und – die Frau sah,
endlich ist er weg,
der Ehrenmann – honoris causa

Ansichten von der Zivilisationstheke

Beerdigung bei Frau Doktor

Haben Sie schon mal Stimmung
In eine Beerdigung gebracht
Nein – es ist ganz einfach
Schauen Sie in ihrem Lokalblatt nach
Wer verstorben ist
Achten Sie darauf dass es eine Dame ist
In gesellschaftlich hoher Stellung
Direktorengattin oder eine Frau Doktor
Immenser Vorteil - weil die Anteilnahme
Immer sehr groß ist

Und wenn dann alle Kränze am Grab
In schönster Manier drapiert sind
Kommen Sie und legen ihren Kranz
Noch schöner und größer – dazu
Ist zwar teuer hat aber einen enormen
UNTERHALTUNGSFAKTOR
Dann drapieren Sie ihre Schleife
Auffällig unauffällig
So das jeder dann die Schleife sehen wird
Vielleicht nicht direkt
Aber man kann eben nicht an ihr vorbeischauen
Und auf der Schleife stehen nur drei einzelne, einsame Wörter – kein
Name

„ ADÉ – DEIN LOVER" (oder Casanova, Fanfan, Angelhaken etc.)

Da es ja beliebter Sport ist
Über die Kränze anderer herzuziehen
Werden automatisch die Schleifen mitgelesen
Man möchte ja wissen über wen man lästern kann
Das ist bei denen da Oben auch nicht anders als bei Hempels oder
Müllers
Dann nur noch beobachten und abwarten…

Es fängt an mit leisem Getuschel
Ungläubige Blicke dann in Richtung des Witwers (der Arme kann nun
gar nichts dafür)
Die ersten Fragezeichen auf den Gesichtern tauchen auf
Und dann hört man langsam die ersten Gesprächsfetzen

…unglaublich, so ein Skandal…
…ich dachte, die wären glücklich gewesen…
…ja ja, nach außen hui und nach innen pfui…
…sie hat sich nie was anmerken lassen…
…die alte Schachtel einen Liebhaber…

TM

M B

∘

A R T B O X

Gedichte
&
Gedanken

…was man mit Geld nicht alles kaufen kann…
…der arme Mann, kann einem ja richtig leid tun…
…der ist doch auch nicht so harmlos wie er immer tut…
…war bestimmt der Physiotherapeut oder der Psychiater…
…zwei Termine in der Woche, sicher…
…man kann aber auch niemanden mehr trauen…
…ist aber schön der Kranz…
…dachte schon der wäre von den Lichtenbergs…
…die ärgern sich bestimmt schwarz weil sie nicht den schönsten
    und größten und teuersten Kranz haben…
…wer seine Trauer so ausdrückt, der muß doch unendlich leiden…
…oder den alten Witwer unendlich hassen…

Wenn Sie wollen, können sie die Liste
Ohne Ende weiterführen
Ich weiß jetzt schon, das Ihnen beim lesen
Schon unzählige weitere Kommentare eingefallen sind
Das war bei allen denen ich diese Geschichte vorgetragen habe

Nun können sie davon ausgehen
Der Beerdigungskaffee danach mit Freunden der Familie
Wird todsicher ein explosiver Höhepunkt in
Der betroffenen Familie und ihrer Historie werden

Also – wenn Sie mal ein paar Groschen übrighaben
Probieren Sie es doch mal

™

M B
·
A R T B O X

— — — — — —

Gedichte
&
Gedanken

Der Schmerz

Früh am Morgen,
wenn ihr erwacht,
bin ich schon da,
in voller Pracht.

Man kennt mich, man mag mich,
zuletzteres nicht ganz,
denn ich spiele meist auf,
mit Spektakel und Tanz.

Ich schleich mich in euer Leben,
in euren Tag, in euer Herz,
ich bringe Leiden – nicht vergeben,
darf ich mich vorstellen, ich bin der Schmerz.

Seid Ihr glücklich, zufrieden,
sorgenlos im Liebesrot,
nutz ich die ganze Palette,
von Kleinschmerz bis zum Tod.

Drum seid gewarnt und bescheiden,
hellwach und stets beherzt,
Glück und Zufriedenheit kann ich nicht leiden,
ich komme wieder, dein Freund der Schmerz.

™

M B ∘ A R T B O X

- - - - - - - -

Gedichte
&
Gedanken

Die Vertreibung aus dem Paradies

Als Eva mal wieder völlig betrunken war
Und den Apfel klaute
Blieb völlig verdutzt eine ungläubige Schlange zurück
Und während sie fast an dem Apfel erstickt wäre
Begab Adam sich an die Arbeit
Und gründete die Kommanditgesellschaft „Paradies"
Der erste Krach ließ nicht lange auf sich warten
Der Vorstandsvorsitzende, mit Namen Kain
Konnte der Versuchung nicht widerstehen
Und bereicherte sich eigennützig
Wurde allerdings vom zweiten Vorsitzenden, Abel
Erwischt und schlug ihn tot
Dumm wie Kain war, floh er
War aber überflüssig,
Denn er hätte ja nicht verhaftet werden können
Er gehörte ja zu den ersten Menschen
Und Polizei gab es noch nicht
Auf der Flucht fand er unvermutet eine Frau
Und weil er sie sehr liebte
Verprügelte er sie immer sehr liebevoll
Als Eva wieder nüchtern wurde
Und den Apfel ausgekotzt hatte
Sah sie sich nach Adam um
Und hatte bereits nach drei Tagen auf dieser Erde
Die Schnauze so gestrichen voll
Das sie am liebsten mit der Schlange getauscht hätte
Wie sollte das nur weitergehen
Nur zu viert auf der Erde
Aber nach ein paar Tagen schon alles an
Widerlichkeiten abgedeckt, was man so anstellen konnte
Inzucht, Raub, Diebstahl, Gewalt, Mord
Massenvernichtung ging noch nicht
War ja noch kein Material da
Und da es mit vier
Auf dieser großen Welt nicht ging
Wie soll es dann mit
6 Milliarden gehen
Ich kann Gott fragen
So oft ich will
Ihm fällt dazu erst recht nix mehr ein
Das Paradies war ihm wohl auch zu langweilig

TM

M B

○

A R T B O X

Gedichte
&
Gedanken

Essenziell

Ich habe das Banner gesehen
Es stand ein einziges Wort darauf
Und diesmal nicht in Times New Roman
Sondern im Bookman Old Style
Meterhoch und gut zu lesen

Kursiv und unterstrichen

Gerechtigkeit

Aber niemand hat die Brille auf
Alle schauen vorbei
Wieso kann es keiner sehen
Wieso **will** es keiner sehen
Was ist falsch damit
Wo doch der Zorn der Gerechtigkeit
Nicht arrogant sondern weiß ist
Rein und Unschuldig im Glauben
Das richtige zu wollen
Das richtige zu tun

Empörte Gerechtigkeit ist niemals brutal
Sie ist individuell
Sie ist emotional
Sie ist rational
Sie ist reduktionistisch

Gerechtigkeit würde den Verkehr lahm legen
Die Maschine zum Stillstand bringen
Den Menschen in ihrer Seele wohl tun

Unakzeptabel und deswegen weg damit
Der Wind weiß nichts davon
Und lässt das Banner weiter wehen
Ich habe es gesehen
Ich werde auch weiter hinschauen

TM

M B
∘
A R T
B O X

Gedichte
&
Gedanken

Ansichten von der Zivilisationstheke

Anti – Raucher – Nazi

Nein, nicht schon wieder
Denke ich mir als ich den Flur entlang gehe
Mein Nachbar ist ein Anti-Raucher-Nazi
So einer der früher mal geraucht hat
Und deswegen als einziger auf der Welt
DIE richtige Meinung zum Thema Rauchen hat

Jedes mal wenn ich ihn treffe das gleiche
Im Hausflur rauchen ist nicht gestattet
Hier wohnen auch noch anständige Leute
Und passives rauchen schadet den Mitmenschen

Deswegen rauche ich aktiv sage ich
Während ich die Kippe anmache
Ihr Raucher bringt uns noch alle um schreit er
Und geht kopfschüttelnd weiter

Zwei Wochen später sehe ich seine Frau im Flur
Wie geht es ihrem Mann frage ich
Sie weinte und antwortete - er ist tot
Vorgestern von einem Auto überfahren
Ich lache und gehe weiter und denke mir
Warum kann Gott nicht öfters solche Arschlöcher
Zu sich nehmen
Ich könnte dann durchaus anfangen
Gott zu mögen

Nicht das Rauchen
Sondern sein Hass hat ihn umgebracht
Ich qualme eine Zigarette und freue mich
Über die vorübergehende Ruhe

Der nächste Anti-Raucher-Nazi kommt bestimmt

™

M B

∘

A R T B O X

––––––––

Gedichte
&
Gedanken

Die Kompetenzbluffer

Immer suchen alle Antworten
Die meisten sagen sogar was
Du musst eigentlich nichts wissen
Aber überzeugen können
Schmeiß einen Philosophen in die Runde
Du hast gewonnen
Allerdings immer nur auf dem Level unter dir
Sollte man hier und da auch nicht vergessen
Könnte sonst unangenehm werden
Aber anders herum
Was soll's
Warum nicht
Inhalte sind heute nicht mehr gefragt
Fangen wir das Spiel des Bluffens an
Da sind die Wissenden schon immer unwissender gewesen
Als die Unwissenden wissend
Die Form siegt
Und niemand regt sich mehr auf
Pest und Cholera beachten die Grippe schon gar nicht mehr
Sie sind stärker

M B
∘
A R T B O X

- - - - - - - -

Gedichte
&
Gedanken

Ansichten von der Zivilisationstheke

Geld

Stets wollt Ihr mich haben,
aber tun wollt Ihr nichts,
der Reiche kann mit mir klagen,
der Arme meist nur verzagen.

Gierige Hände - wollen mich betatschen,
für einige soll ich schuften,
andere wollen - nur über mich tratschen,
doch für alle soll ich duften.

Hin und Her und Herum geschickt,
verbleib ich nie lange in selbigen Wänden,
in Hüten, in Schuhen und Strümpfen gespickt,
aber oftmals in den falschen und gierigen Händen.

Wer viel von mir hat,
brüstet sich mancher Ort,
und wer wenig dagegen,
passt schon mal auf und schließt mich fort.

Auch tu ich oftmals Gutes,
helfe Armen und Kranken,
anders wie meine Verwandten,
in Sparkassen und Banken.

So komm ich herum,
in Ländern und Staaten,
ich kann auch anders,
betrügen und verraten.

Ich stürze Regierungen und ganze Länder,
erkaufe Mord, manchmal Lug und auch Trug,
schick euch den Tod in schwarzen Gewändern,
und erfreue mich oft an glutrotem Blut.

Stets wollt Ihr mich haben,
und immer noch mehr,
der Arme könnte wohl mehr von mir ertragen,
doch weiß er, der Reiche hat's niemals so schwer.

So bleibe ich am Ende,
in den Taschen der Leute,
ich will auch keine Wende,
weder morgen noch heute.

Für manche bin ich der Held,
für andere das Übel der Welt,
ich *weiß* was der Mensch von mir hält,
und deswegen regiere ich, gez.: Das Geld

TM

M B
○
A R T B O X

Gedichte
&
Gedanken

Jugend

Was ist nur mit der Jugend los?
Ich finde ich sie einfach ätzend.
Alles, aber auch wirklich alles kommt mir bei denen
total bescheuert vor,
aber lesen und denken,
kennen die ja gar nicht mehr,
und die Musik – was soll das?
Hipp Hipp und Rap Hopp und House und wie
diese ganze Scheiße heißt.
Doofe mit einem IQ von 3 mit Sprachstörungen,
und das soll Musik sein?
Was ist mit Individualismus?
Alle sehen auch noch gleich aus,
mit diesen Hosen, die wie reingeschissen auf Halbmast hängen,
Käppi auf, das vermuten lässt das Hein Blöd zu den Intellektuellen
gehört,
und immer „Yo Yo", „Cool Alter", „Was geht ab".
Lernen die denn nicht mehr,
das man mehr als 15 Wörter braucht,
um in dieser kaputten Welt zu überleben,
Che Guevara, Rudi Dutschke oder Willy Brandt
werden in Vergessenheit geraten wenn wir mal sterben,
nur noch Konsum Konsum Konsum.
Ich will das und ich will dies und das am besten direkt und umsonst.
Ohne Markenklamotten läuft nichts mehr,
selbst wenn die bekloppt aussehen.

Liebe Jugend,
auch wenn der Computer wichtiger ist als Vater und Mutter,
lest doch mal ein Buch.
Ja, es gibt sie noch, Bücher.
Und passt doch einfach mal in der Schule auf,
es steht doch nirgendwo geschrieben,
das man sein ganzes Leben lang doof bleiben soll.
Es gibt auch anderes als Rentner in U-Bahnen zu verprügeln,
Mitschüler zu beklauen,
Eltern zu beschimpfen.
Ihr müsst einfach nur mal anfangen nachzudenken.
Ja, ich weiß, ist nicht einfach,
aber es hat sicherlich Vorteile,
und egal was eure Kumpels auch sagen,
es tut auch nicht weh. Versprochen!

TM

M B
°
A R T B O X

— — — — — —

Gedichte
&
Gedanken

Loa an die Frauen

Die eine nicht mehr ansehen als die andere,
niemanden im Herzen vorziehen,
stattdessen von jeder noch genug sehen,
Ach! All die Tränen, die die Frauen dieser Welt weinen,
Man könnte drin ertrinken.

Der Kopf ist wüst, und nun adieu,
komm wieder, bevor du stirbst!

TM

M B $\circ$ A R T B O X

Gedichte
&
Gedanken

Gott, Jahwe, Messias, Joshua, Heiland, Karnevalsprinz?

Wir haben dir schon wieder
einen Brief geschrieben
DU – warst nicht zu Hause
vielleicht unterwegs, vielleicht verschieden

Die Intelligenz der Menschen
wurde durch dein Christentum - korrumpiert
deine Vertreter ewig für die Erbsünde kämpfen
und die Unterdrückung der Menschen – wird zementiert

Die Realität deiner Welt
wird beherrscht von dem Schlechten
obwohl nicht bewiesen
erlangt oder bewohnt
Deine Religion
Ist das verleugnen des Gerechten
deine Enkel machen dich zum Pharisäer
du wirst als Theologe entlohnt

Der Priester ist mit seiner Henkertheologie
ein ausgezeichneter Virtuose der Schuld
und meinst DU noch immer
für die Menschen seiest du der Held
deine Priester sind Meister der finsteren Winkel
deine Priester sind Meister – der Ghetto Welt

Krankheit, Morbidität
Schuld, Verachtung und Schein
Sind christliche Parameter
anstatt Geist, Freiheit, Mut
Individualität und Selbstbewusstsein
natürlich nie erwähnt, von deinem Vertreter

Eingebildete Ursachen:
Gott, Teufel, Seele
Eingebildete Wirkungen:
Sünde, Erlösung, Gnade
Eingebildete Ziele:
Jüngstes Gericht, Reich Gottes und Leben nach dem Tod
Nie hattest DU Kontakt mit der Wirklichkeit
die Theologie beschreibt das System der Verlogenheit

TM

M B

∘

A R T B O X

Gedichte
&
Gedanken

Es ist eine Art geistlicher Terrorismus
sich zu stürzen auf den Menschen
in ihrem schwächsten Moment
Nämlich dann wenn sie sterben
um ihr Gewissen zu vergewaltigen
es ist das Antlitz der Kirche, der Henker der henkt

DU wirst es nicht glauben
eine Bitte haben wir doch
bleib da wo du bist
schau nicht auf das Böse in deiner Welt
werde bitte nicht Atheist
WIR wollen dich nicht als Held

TM

M B ₀ A R T B O X

‒ ‒ ‒ ‒ ‒ ‒ ‒

Gedichte
&
Gedanken

Museumsbesuch

Hurra, es ist Sonntag,
der erste in diesem Monat,
Menschen erscheinen,
mit Kind, Sack und Pack.

Objekte bestaunen,
Skulpturen belächeln,
Führungen lauschen,
Erklärungen vergessen.

Warum diese Mühsal,
ist die Verwandtschaft zu Besuch?
Woher das Interesse,
liegt auf dem Museum ein Fluch?

Uninteressierte Menschen,
grob und ungehobelt,
betatschen Objekte,
stecken ihre Hände in Roben.

Das kann mein Enkel auch,
höre ich an jeder Ecke,
dann macht es doch auch,
oder *HALT'S MAUL* und verrecke!

Werke und Künstler,
sind euch ganz egal,
prahlen und wichtig tun,
denn man selber war ja da.

Doch der einzige Grund,
warum ihr hier seid und schreit,
es ist Sonntag der erste,
und der Eintritt ist FREI!

™

M B
∘
A R T B O X

Gedichte
&
Gedanken

Der Hofnarr

Die Hofnarren sind aus einem ganz besonderen Holz geschnitzt.
Sie wagen es,
voll böser Hinterhältigkeit
sich dumm zu stellen,
mit Fragen und Antworten,
welche die Dummheit des Königs wieder spiegeln.
Doch oft begriff der König;
der Hofnarr durfte die Wahrheit sagen
und in seiner Kunstfertigkeit
ließ er den König dabei nicht lächerlich erscheinen.
Der Narr von heute,
der Unterschichten und Televisionstrottel
ist nicht mehr dem König untertänig,
er ist Trottel des Volkes.
Er redet mit dem Verstand und dem Hirn des Boulevard Kretins.
Spitzfindigkeiten sind nicht sein Metier,
er hat es nicht verstanden.
Nur beruflich diplomierte Hofnarren
konnten sich in der Gunst der Wahrheit sonnen,
der Hof lachte, und der König lernte trotzdem.
Ein eingespieltes Team,
der König auf dem freundlichen Sofa
und der Hofnarr,
um nicht besserwisserisch zu wirken
auf dem Boden.
Das – hat sein Ende.
Das Volk vermag Witz,
zersetzenden Witz, notabene, nicht zu verwandeln,
es kann die Hinterhältigkeit kolportierter Fakten,
die der Hofnarr plappert, nicht interpretieren.
Er ist Volkes Stimme - Vox populi.
Er ist nicht mehr der Narr
der die Leute narrt,
was seine nobelste Berufung sein sollte und war,
er ist Sprachrohr der Masse geworden und nun wirklich narr,
Narr ohne Berufsethos,
ein jemand, der sich endgültig als Trottel verkauft hat.
Bedenke:
MAN DARF NARR DES KÖNIGS SEIN -
ABER NIEMALS NARR EINES VOLKES.

™

M B ∘ A R T B O X

Gedichte
&
Gedanken

Heimat

So stehen wir da,
ich will's nicht betonen,
früher das Ghetto,
heute ausländerfreie Zonen.

Menschen verdummen,
das Prekariat dominiert,
Pisa verklungen,
die Jungen frustriert.

Zukunft, oh wahre,
in Braun schon glasiert,
Deutschland auf der Bahre,
ganz schnell es passiert.

TM

M
B
∘
A
R
T
B
O
X

Gedichte
&
Gedanken

Wir sind wieder wer!

Man spricht an manchen Stammtischen,
vergnügt und versoffen,
es reicht nun mit Buße,
wir sind nun wieder weltoffen.

Die Judenquengeleien, das ausländische Pack,
haben genug Geld kassiert und geschacht,
2008, ein anderer Ton herrscht zack, zack,
wir sind wieder wer, passt auf und habt acht.
(Zügig lesen)

Lächerlich, wisst ihr, haben wir mal gesagt,
ich hab' ja nix gegen Ausländer, aber…,
doch heute ist der deutsche Michel erwacht,
und glaub mir, jetzt heißt's nur noch…aber.

Ein Meister aus Deutschland,
früher einmal als Tod apostrophiert,
geht wieder durch die Reihen,
wer nicht kapiert, der krepiert.

Ausländer lern laufen,
bevor sie dich kriegen,
die Rechtsradikalen,
sie wollen wieder siegen.

Jeder 6.te ist wieder der Meinung,
Deutschland den Deutschen, das bringt's auf den Punkt,
die Bildzeitung bildet, die Dummen marschieren,
in Gauen und Kreisen, gehen sie rassistieren.

Biedermann und die Brandstifter,
ich dachte lesen und man kapiert,
stattdessen passiert das schlimmste,
es wird wieder bestens kopiert.

TM

M B ∘ A R T B O X

- - - - - - - -

Gedichte
&
Gedanken

Abgerechnet wird zum Schluß

Sie sind alleine
Wie konnte es soweit kommen
Wo sind denn ihre arschkriecherischen Freunde
Sie hatten doch immer so viele
Zumindest als Sie noch wohlhabend und überheblich waren
Sich aufgeführt haben wie ein König in seinem kleingeistigen
Mikrokosmos
Mit genauso kleingeistigen und hinterwäldlerischen Amöben
Haben die anderen jetzt ihren eigenen Kosmos
Waren sie es leid sich beleidigen
Erniedrigen und ausschimpfen zu lassen
Immer als Volltrottel hingestellt zu werden
Aber SIE wussten ja alles besser
Wirklich ALLES
Wann haben ihre Freunde es denn gemerkt
Das sie ein Arschloch sind
Ich nehme mal an als es mit Ihnen bergab ging
Arschlöcher haben ja auch nur Arschlöcher zu Freunden
Und ohne Geld lässt sich auch der Dümmste nicht mehr veralbern
Feines Gefühl nicht
Als Kind Arschloch, als Erwachsener Vollarschloch
Und jetzt nur noch jämmerlich
Sogar der Teufel hat Gesellschaft
Nur Sie nicht mehr
Habe nicht gedacht dass es Spaß macht
Jemanden verrecken zu sehen
Aber selbst das kriegen Sie nicht in Würde hin…

M B

○

A R T B O X

Gedichte
&
Gedanken

Landstreicherehre

Ein Landstreicher streicht
Im Lande umher
Ohne Würde und Sachen
Denn er hat gar nichts mehr

Gedrungen voll Gram
Gebeutelt von Schlägen
Verachtet von der Gesellschaft
Verlassen im Regen

Verloren sein Wesen
Was farbig einst gewesen
Bestimmt nun ein Grauton
Das früher schöne Leben

Oben ist kein Platz mehr
Alte Freunde drehen sich weg
Die Fanfaren sind verklungen
Aus dem Bürger wird ein Schreck

Die Bühne des Lebens
Wurde morsch und brach ein
Der Dirigent wartet vergebens
Orchester weg – er steht allein

Die Tonart hat gewechselt
Früher lüstern und voll
Wo einst das frohe Dur klang
Spielt heut' das traurige Moll

Die Straße sein letztes zu Hause
Der Park als Familienersatz
Manch Flasche ein treuer Begleiter
Doch hier nun hat er seinen Platz

Der Vorhang ist gefallen
Im Theater nur noch Leere
Nur eins noch hat er behalten
Seine Landstreicherehre

TM

M
B
○
A
R
T
B
O
X

Gedichte
&
Gedanken

Boot der Erinnerung

Das Boot der Erinnerung
Lange ist es unterwegs
Und weit ist es fort
Es verschwindet am Horizont

Ob in diesem Boot auch noch jemand drinsitzt
Wen hat der Fährmann mitgenommen
Fällt der Blick von dort ebenfalls zurück
Sitze ich in seinem Boot der Erinnerung
Oder bin ich ihm zuvorgekommen

DIESMAL

Und ist die Wahrheit nicht
Irgendwann – wird jeder einmal
In diesem Boot sitzen
Welches uns wegträgt
Aus der Erinnerung anderer
Wenn wir unsere Reise antreten
Wenn unser Fährmann ablegt

Wie wird es sein
Nach der Erinnerung
Und hinter dem Horizont

Verweigern Sie sich etwa?

Sind Sie heute schon überwacht worden?
Am Telefon?
Im Internet?
Beim Einkaufen?
Nein! Warum nicht?
Haben Sie keine Freunde?
Surfen Sie nicht im Netz?
Wollen Sie nicht konsumieren?
Verweigern Sie sich etwa der Gesellschaft?
Haben Sie etwas zu verbergen?
Sympathisieren Sie mit Terroristen?
Was ist los mit Ihnen?
Haben Sie an unserem System was auszusetzen?
Gehören Sie etwa zu den Kommunisten?
Verweigern Sie dem Staat ihre Hilfe?
Sehr verdächtig!
Wollen Sie nicht in dieser Gesellschaft leben?
Warum sind Sie denn so undankbar?
Was wollen Sie eigentlich?

FREIHEIT?

In Freiheit lebende Menschen denken selbstständig!
Hat Ihnen noch niemand gesagt, dass die Freiheit abgeschafft wurde?
Wie bitte? Wann?
Nein, nicht am 11.September 2001!
Vorher! 1984 fing am 03.Oktober 1990 an!
Jetzt sagen Sie nicht, sie hätten das nicht gewusst?

HIER - weiß doch jeder über jeden und über allem Bescheid!
Und wenn Sie sich einmal nicht mehr wiedererkennen,
keine Sorge – wir wissen alles über sie.
Auch das was sie selbst noch nicht wissen…

™

M B

○

A R T B O X

––––––––

Gedichte
&
Gedanken

Wahnsinn

Es fehlt der Wahnsinn
Und damit meine ich
Ja – was eigentlich
Die Klarheit im Kopf
Die erst da ist wenn man
Nicht mehr klar ist
Das Paradoxum wider die Vernunft
Dieses schrecklichst größten Parameters
Kleinbürgerlicher Existenz

Das macht man nicht
Das tut man nicht
Hast du schon gehört
Wie kann man nur
Spießbürger, kleingeistige Despoten
HAUSMEISTER

Ein Volk von Hausmeistern
Wer nicht die Regeln beachtet
Fliegt raus – und wieder
Zwei Wochen das Maul zerreißen
Man selber ist ja auch so viel besser

Wo ist euer Problem
Der Wahnsinn ist doch das
Was in eurer kühnsten Vorstellung
Der Wunsch eines jeden einzelnen
Von euch ist
Weil es euch frei machen würde
Von jeglicher Verantwortung
Die euch so schwer zu schaffen macht

Wahnsinn ist das geistige Nimmerland derer
Die NICHTS haben – aber in Angst erstarren
Das sie dieses verlieren
Weil ihr noch nicht mal NICHTS gönnen könnt
Und schon gar nicht daran teilhaben dürft
Denn was würden die anderen sagen

TM

M
B
∘
A
R
T
B
O
X

Gedichte
&
Gedanken

Wo fängt der unklare Kopf eigentlich an
Genau da – wo die vertrottelte Masse
Sich das Recht herausnimmt – über etwas
Zu urteilen was sie nicht versteht

Früher war es wenigstens noch
Kleinbürgerliches Mieftum
Mit einem Mindestmaß an Bildung
Der große Preis
Und heute
Unterbelichtete von gestern
C-Promi Kult von heute
Bestimmen die Regeln
Form siegt über Inhalt
Biedermann findet sich schlauer als Brecht
Die Bildzeitung gibt ihm Recht

Samstags um 20:15 h ist die Welt noch in Ordnung
Wir sorgen dafür dass sie Spaß verstehen
-Wetten dass…?-

Wer ist hier eigentlich wahnsinnig…

^{TM}

M B ○ A R T B O X

Gedichte
&
Gedanken

Ein Garten aus der alten Welt

Ein Garten aus der alten Welt,
mit Sträuchern und Rhododendren gesäumt.
Rosen, Hyazinthen und Narzissen,
flankiert von korinthischen Säulen,
hinter einem Haus,
das nie am Ende eines Regenbogens
stehen würde,
verschwunden aus dem Areopag
der Geschichte.
Das Säulenzeitalter
ist versunken in einem Meer
aus gnadenloser Zeit und Architektur.
Die Jagd nach der Psyche
führt nur noch in ruhelosen Gezeiten.
Litoralfloren* als Phantasmagorien,
Gedanken wandern nur noch auf Chausseen
die in der Vergangenheit leben.
Das Portal ist verschlossen,
der Schlüssel schon lange verschollen.
Die neue Welt hat die alte verdrängt,
die Schlösser sind gewechselt,
der Regenbogen nur noch Plagiat.

Besuchen werde ich den Garten aus der alten Welt noch oft,
im Gedanken über die Chausseen der Vergangenheit,
und durch das Portal
an den korinthischen Säulen vorbei,
den sonnengetränkten Sträuchern und Rhododendren,
Rosen, Hyazinthen und Narzissen,
verweilend auf einer Holzbank.
Ich weiß - Irgendwann - bleibe ich einfach dort.
Die Nekropsie der neuen Welt,
hat schon begonnen,
bevor diese (überhaupt) gelebt hat.
Das ich nichts mehr verpassen werde,
muss mir – niemand mehr sagen.

Einem Menschen aus einer alten Welt,
geht es nicht anders als einem Garten.

* Litoralflora – Pflanzenwelt der Uferregion und Gezeitenzonen

TM

M B

∘

A R T B O X

Gedichte
&
Gedanken

Freund oder Feind?

Gesehen haben wir uns tausendmal,
gesprochen noch viel öfter,
gelacht oft wie kein zweites Mal,
geteilt auch viele Pöster.

Woher der Sinneswandel,
die Zweifel um dein Wort,
galt doch stets nur der Handel,
und nicht der traute Ort.

Nicht ehrlich mehr der Umgang,
das Lachen vorgeschoben,
geprobt schon für den Abgang,
die Freundschaft aufgehoben.

Ein Anfang, ich weiß, das muß auch sein,
will auch ein Ende haben,
wir sollten uns recht schnell befreien,
und später wieder vertragen!

TM

M
B
∘
A
R
T
B
O
X

- - - - - - - -

Gedichte
&
Gedanken

Frust

Wo fängt eigentlich Frust an
Beim Unverständnis der anderen
Beim eigenen Versagen
Und ist das philosophisch
Oder einfach persönlich
Verstehen die anderen mich nicht
Oder ich die anderen nicht
Warum sind die anderen
Immer in der Mehrzahl
Liegt es an mir
Ich weiß es noch nicht einmal

Was beklage ich:
Unwissenheit, nationale Tümelei, Kleinbürgertum,
Singularität der Gedanken

Was stört die anderen:
Uneinsichtigkeit, unpatriotisches Verhalten, Verschrobenheit, Eigensinn

Ich bestehe nun mal darauf
Das man weiß
Welcher Kanzler den Friedensnobelpreis bekommen hat
oder wer Rudi Dutschke war
und finde es nicht wichtig
wer Deutschlands Topmodel ist
und wer den Grand Prix D'Eurovision gewinnt
und welche TV-Soap gerade die
weitergehende Verblödung des Prekariats vorantreibt

Das schlimme ist –
Ich fange an, ehrlich zu werden
Hoffe dass dies kein Zeichen dafür ist
Das dass Leben vorbei ist

TM

M B

○

A R T B O X

- - - - - - - -

Gedichte
&
Gedanken

Vollidiot

Das gibt es doch gar nicht
Da hat dieser Trottel
Zum ersten mal in seinem Leben
Ein Mädchen abgeschleppt
Geht mit ihr nach Hause
Und am nächsten Morgen
Als sie aufwachen
Guckt er sie nur an
Und sagt:
      „MACH KAFFEE"
Was folgte war klar
Ohrfeige, Gezeter, Geschrei,
abgeräumte Nachttischkonsole,
zwei Teller, zwei Gläser
und der Salzstreuer (der Gute!)
vom Küchentisch - Klirr und Vergangenheit

Als ich ihn danach traf
Und ihn fragte
Sagte er nur:
      „Ich wusste ihren Namen nicht mehr,
       was sollte ich denn sonst sagen?"
Danach habe ich ihn nicht mehr gesehen
Schlecht, wenn man ein Versager ist
Aber wenn man dazu auch noch ein Amateur ist
Dann hat das Leben dich auf die Seite geschickt
Wo der „point of no return" dich nicht mehr loslässt

Man kann wirklich alles sein:
Looser, Säufer, Arschloch, Versager, Drogenabhängig, Bekloppt,
Konservativ
Und was weiß ich nicht noch alles
Nur eines geht gar nicht:

Ein stümpernder Amateur

TM

M
B
○
A
R
T
B
O
X

- - - - - - - -

Gedichte
&
Gedanken

Ansichten von der Zivilisationstheke

Der nette „Onkel" Religion

Jemand hat die Freiheit erschossen,
jemand hat den Frieden erschossen,
jemand hat die Demokratie erschossen.
Der nette „Onkel" Religion ist ein kranker Mann,
der nette „Onkel" Religion ist ein Mörder.
Es tut weh, wenn religiöse Faschisten Bhutto ermorden,
und Papst Benedikt die „Vor-Hölle" abschafft,
frag dich mal warum?
Um die Menschen direkt in die Hölle zu schicken?
Es tut weh, wenn Menschen sterben weil
sie Cartoons auf Papier malen,
es macht aber nichts, wenn unschuldige Menschen
von dem amerikanischen Präsidenten
abgeschlachtet werden,
er ist nur ein treuer Katholik,
er wird niemals in der Hölle brennen.
Was wirklich etwas ausmacht ist, dass der alte
„Onkel" Religion ein kranker Mann ist.
Was wirklich etwas ausmacht ist, dass der
verlogene „Onkel" Religion ein dreckiger,
grausamer, kinderschändender und frauenverachtender alter Mann ist.
Wir müssen IHN erlösen,
wir müssen IHN in seinen eigenen Himmel schicken,
zu den 72 Huren im Himmel, die er jedem
verspricht, der Verbrechen begeht.
Schicken wir doch den dreckigen, grausamen alten Mann dorthin,
ihm wird es dort gefallen, Hitler ist auch schon da.
Und uns wird es erst recht gefallen.
Wir müssen diesen alten „Onkel" Religion an
seinen eigenen Platz schicken,
weil hier auf Erden gibt es keinen Frieden mit IHM,
weil hier auf Erden gibt es keine Freiheit mit IHM,
weil hier auf Eden gibt es keine Demokratie mit IHM.
Manchmal sagen Leute, dass die besten
Menschen immer jung sterben.
Ist das der Grund warum religiöse Führer und Päps-
te alte und verstörte Männer sind,
mit Millionen von fanatischen Anhängern die man Gläubige nennt?
DAS ist die Krankheit der Menschheit!
Das ist die Krankheit unserer Zeit!
Lasst uns die Sklaverei des netten „Onkels" Religion beenden!

ES WIRD ZEIT! JETZT!

TM

M B ∘ A R T B O X

Gedichte
&
Gedanken

Die Bildungswüste

Napoleon hat die Berliner Mauer erbaut,
und Niedersachsen liegt in der Zone,
Helmut Schmidt hat man eben auch nicht erkannt,
und Heid Klumm tanzt gern oben ohne.

Honecker kennt man schon gar nicht mehr,
Eva Herman deutschelt den Deutschen ums Herz,
früher war wirklich nicht alles so schwer,
und Migranten fühlen wieder den Schmerz.

Die Republik Deutschland im Jahre 2008,
sie will nichts mehr lernen und wissen,
die Jugend ist dumm und gibt nicht mehr acht,
auch die Älteren lassen Bildung vermissen.

Die Aussagen oben sind wirklich nicht erfunden,
getätigt von Menschen die hier zur Schule gehen,
Kultus und Bildung werden weiter geschunden,
Musik, Kunst und Dichtung wird man hier nicht verstehen.

Politiker erzählen dem Volk weiter Märchen,
Big Brother is watching you - steht auf dem Programm,
die gefährdete Sicherheit lässt sie gewähren,
und Geschichte und Bildung scheret man über den Kamm.

Wir bleiben dumm und sind es immer gewesen,
die Nationalen erobern die Menschen im Sturm,
am Kölschen Tresen wird die Welt wieder genesen,
die Widerstandsdenker verrecken im Elfenbeinturm.

^{TM}

M B
∘
A R T B O X

- - - - - - - -

Gedichte
&
Gedanken

Frau Anna-Christina

Zweifel ist aufgestanden
Ein rasendes Warten entsteht
Ein Hasenfuß hat sich auf mein Herz gesetzt
Und gleich dabei es abgetreten
Kein Ton schlägt mehr in mir
Ohne Sie ein dunkles Haus
Ich habe das Licht gelöscht
Und die Hoffnung verloren

Ansichten von der Zivilisationstheke

Salome
und der Sohn des Zimmermanns

Es war einmal ein Herrscher mit Namen Herodias
Der hatte eine wunderschöne Tochter
Die auf den verführerischen Namen Salome hörte
Doch war diese stets sehr launig
Wie verzogene Töchter schon mal sind
Nichts war ihr gut genug
Und weil die Eltern sie so nervten
Heiratete sie den Phillipus
Um der Enge des heimischen Ortes zu entfliehen
Doch Phillipus war nicht der Traummann
Den sie sich erhofft und gewünscht hatte
Und deswegen wurde sie noch streitsüchtiger
Um ihren Ehemann zu verjagen
Was ihr auch gelang
Stolz wie sie nun mal war
Musste nun ein Mann von Welt her
Weswegen sie den Urenkel Herodes des Großen becircte
Ein Mann namens Aristobul von Chalkis
Der auf ihr werben natürlich reinfiel
Bei einer Familienfeier im erweiterten Kreise dann
Tanzte sie ihren Stiefvater vor
Ebenfalls ein ansehnlicher Mann
Mit dem Namen Herodes Antipas
Und weil sie so wild und überzeugend tanzte
Gewann sie das Wohlwollen des Herodes Antipas
Und dieser gewährte ihr einen Wunsch
Da sie nun mal ohne wenn und aber
In die Geschichte eingehen wollte
Und es gerade modern war
Populäre Prediger zu ärgern
Wünschte sie sich den Kopf
Des zweitbekanntesten Mannes ihrer Zeit
In den sie, nebenbei gesagt, unsterblich verliebt war
Aber ihn nicht bekommen konnte
Den Kopf von Johannes dem Täufer
Da dieser, unbedarft und gutgläubig wie er war
In die ihm gestellte Falle lief und sich fangen ließ
Wurde Ihr ihr Wunsch erfüllt
Und an ihrem Geburtstag wurde ihr der Kopf
Des Johannes auf einem silbernen Tablett serviert

TM

M B
°
A R T B O X

Gedichte
&
Gedanken

Das man munkelte
Sie hätte ihren Wunsch
Auf anraten der Mutter gestellt
Machte sie rasend und wütend
Und würde ihrer auch nicht gerecht
Dann, als sie den Kopf auf dem
Silbernen Tablett sah
Nahm sie ihn runter
Und küsste ihn – zum entsetzen der Anwesenden
Auf dem Mund
Angewidert von dieser Handlung
Die selbst einem hartgesottenen Mörder zuwider war
Zog sich der Familienrat zurück
Und fällte dann im Namen des Herodes Antipas
Seine Entscheidung
Exitus - für die schöne Stieftochter
Und als sie nun dahin gerafft
Durch einen golden Dolch
Im Jahre 61 nach Christus verstarb
Machte sich derart inspiriert
Der erste Evangelienschreiber ans Werk
Da es nicht sein konnte
Das eine wunderschöne Frau
Mit irreparablen Dachschaden
Einen erfundenen König des Himmelreiches
Sohn eines Zimmermannes
Mit einem noch größeren irreparablen Dachschaden
In der Gunst der Massen übertrumpfte
Und so entstand eine Lüge
Die zum Mythos wurde
So dass man sich gewünscht hätte
Das die Prophezeiung der Eschatologie*
In seiner letzten Bestimmung wahr geworden wäre

So hat Salome letztendlich
Doch noch ihr Ziel erreicht

Sie wurde unsterblich und hat uns
Den bekanntesten Mann auf dieser Erde beschert

*Eschatologie: Lehre von den letzten Dingen, d.h. vom Endschicksal des Menschen und der Welt. Jesus predigte in vielen seiner Reden von dem bevorstehenden Untergang der Welt, der kommen würde, damit alle Menschen im neu errichteten Himmelreich glücklich und frei sein könnten. Daraufhin haben viele Wohlhabende und Vermögende ihren Besitz verschenkt, da sie ihn im nahe bevorstehenden Himmelreich nicht mehr benötigten. Heute kann man sich nur allzu gut vorstellen, wie sauer diese Herrschaften waren, als die prophezeite Apokalypse ausblieb und sie verdattert feststellen mussten, das sie ihr gesamtes Hab und Gut für eine falsche Voraussehung verschenkt hatten.

™

M B

∘

A R T B O X

Gedichte
&
Gedanken

Der Märchenkongress

Großmutter, Großmutter,
warum hast du so große Zähne?

Weil ich privat versichert bin, du primitives Kind!

Und warum hat Rapunzel so schönes, seidiges
und langes Haar?

Weil Sie Geld genug hat,
um armen und mittellosen Frauen
in Indien, Taiwan oder anderswo
ihr schönes langes Haar abkaufen zu können!

Und wieso kann Frau Holle immer
soviel Schnee aus ihren Kissen klopfen?

Weil Sie schon in früher Jugend
gelernt hat, in ihrem Beruf
wirksam Koks zu strecken!

Und warum kann Jesus über das Meer
laufen und aus Wasser Wein panschen?

Weil er schon früh verstanden hat,
das man täuschen, betrügen und tricksen muss!

Und warum ist Jesus dann nicht in der CDU?

Weil er für diesen christlichen Verein
nicht qualifiziert genug ist!

Und warum sind Hänsel & Gretel
alleine in den gefährlichen Wald gelaufen?

Weil sie keine Lust hatten, totgeschlagen
und in einer Tiefkühltruhe gesteckt zu werden!

Und wieso ist das Mädchen mit den
Schwefelhölzern erfroren?

TM

M
B
∘
A
R
T
B
O
X

Gedichte
&
Gedanken

Weil der Staat die Kosten für
die Heizung von armen Menschen nicht
mehr zahlen will!

Und wieso muss sich Schneewittchen
mit den sieben Zwergen
hinter den sieben Bergen verstecken?

Weil das Finanzamt heutzutage auch
die Bordelle versteuert!

Und warum sind 2 der 3 Häuser
von den lustigen Schweinchen eingestürzt?

Weil sie nicht nur Angst vor dem bösen
Bauherrn hatten, sondern weil dieser
auch noch schlampig gearbeitet hat!

Und wieso ist Pinocchio ein echter Junge geworden?

Weil edles Holz mittlerweile wertvoller ist
als ein Menschenleben!

Und wo sind des Kaisers neue Kleider?

Nicht zu sehen, undurchsichtig, wie der ganze Staat!

Und warum ist Ali Baba mit seinen
40 Räubern verschwunden?

Weil sie auf der FBI Fahndungsliste stehen -
oder in Guantanamo sind

Und wieso hat der Räuber Hotzenplotz
seinen Wald verlassen?

Weil er jetzt als V-Mann bei der NPD ist!

Und warum hören wir noch immer
auf den Wolf im Schafsgewand?

**Weil wir uns immer noch gerne
Märchen erzählen lassen…!**

™

M
B
∘
A
R
T
B
O
X

Gedichte
&
Gedanken

Das Fenster

Triste Häuser, Mietkasernen
Stockwerk über Stockwerk
Aber ich habe ein Fenster
Und immer wenn ich aus diesem Fenster schaue
Sehe ich diese Kaserne gegenüber
4.Stock, ein Fenster, zwei Fenster, drei Fenster, viele Fenster
Die Rollladen immer heruntergelassen
Tag und Nacht
Daher folgende Vermutung

Die Bewohner sind
a) lichtscheu
b) krank,
c) verhaftet
d) in den Ferien
e) gestorben.
Oder sind die Wohnungen leer?
Man weiß es nicht
Im Stock darunter eine Frau
Sie ist immer da
Sie hält das Kinn in der Hand gestützt und zählt Autos
Von Zeit zu Zeit erhebt sie sich, also zirka alle 2 Stunden
Ihre Bewegungen sind müde und graziös
Zu den Essenszeiten zieht sie sich um, immer
Und dann steht sie vor dem Spiegel
Sie betrachtet sich lange im Spiegel
Dann betrachtet sie sich
Wie sie sich im Spiegel betrachtet
Später gelingt es ihr
Sich im Spiegel zu betrachten
Während sie sich zuschaut,
Wie sie sich im Spiegel sieht
Dann zieht sie sich eine schwarze Robe über
Auf dem Busen heftet sie eine Diamantbrosche
Sie zupft an ihrem Kleid
Betrachtet sich im zweiten Spiegelstadium
Und zählt dann wieder Autos
Unglaublich.

™

M
B
∘
A
R
T
B
O
X

––––––––

Gedichte
&
Gedanken

Unerwarteter Besuch

Neulich hatte ich Besuch
Es war der Tod
Eigentlich wollte er mich mitnehmen
Und ich hatte auch nichts dagegen
Aber ich konnte mir nicht verkneifen
Eine Anmerkung zu machen und sagte:
Ich sehe ja schon scheiße aus, aber du,
lieber Tod, du siehst wirklich erbärmlich aus,
schlechte Woche gehabt?
Er fing an zu stöhnen und erzählte mir
Was für unglaubliche Scheißaufträge
Er manchmal ausführen müsse
Vollidioten – die er auch freiwillig
Mitgenommen hätte – musste er in
Ruhe lassen und vernünftige und
Gute Leute müsste er immer öfter mitnehmen
Er tat mir leid
Wie er da so hockte
Ein Häufchen Elend kurz vorm krepieren
Aber das geht ja bei ihm nicht
Ich fragte ob er denn
Nicht kündigen könnte
Wollte er aber nicht
Er wäre ja sonst tot
Fand ich einleuchtend
Und öffnete erstmal eine Flasche Wein
Damit der arme Kerl wenigstens
Ein bisschen Farbe im Gesicht bekommen würde
Nach der vierten Flasche fragte
Er mich dann
Ob es okay sei
Wenn er mich noch nicht mitnehmen würde
Weil er auf seinem Arbeitsweg
Gerne wieder vorbeikommen würde
Da sonst immer alle erschrecken würden
Und sich niemand die Zeit nähme
Mal mit ihm zu reden
Ich sagte ungern zu
Da der Wein bereits alle war
Und ich kein Geld mehr hatte
Aber der arme Teufel Tod tat mir leid
Seitdem sind wir Freunde
Und manchmal bringt er sogar noch von einem Klienten
Wo er gerade war
Etwas zu trinken mit

Finde ich absolut akzeptabel

TM

M
B
∘
A
R
T
B
O
X

- - - - - - - -

Gedichte
&
Gedanken

Der Sohn

Ich möchte ein Sohn exzentrischer Eltern sein,
ich bin es aber nicht,

ich bin zwar exzentrisch,
aber meine Eltern wissen es nicht,

die Realität fand es gut,
zu gehen so bald,

nicht sagen zu müssen,
welchem Unsinn es galt,

zu erklären bei Zeiten,
ein Narr bleibt ein Narr,

der Wunsch mag ein Traum sein,
der Traum nur ein Ausweg,

gedacht bis zum Ende,
doch wirklich ein Ziel,

nur sagen so viele,
DU, schaffst das nie,

ich möchte ein Sohn exzentrischer Eltern sein,
doch Eltern sind tot,

der exzentrische Vater besoffen,
sein Kind ist massenkompatibel

^{TM}

M B

∘

A R T B O X

– – – – – – – –

Gedichte
&
Gedanken

Der gute Bürger

Ist es nicht erbärmlich,
ein guter Bürger zu sein,
den nützlichen Idioten abzugeben,
konsequent seine Ideale zu verraten (Hatten Sie überhaupt schon mal welche?),
sich für Anerkennung zu prostituieren,
und als höchste Stufe der Flexibilität,
stolz darauf zu sein,
in mehr als einem Konsumtempel einkaufen zu gehen?
Eine ernsthafte Krise zu bekommen
wenn der Fußballverein verliert,
im Kegelverein zu sein, gegen Ehe und Alltagsfrust?
Placebo für die kleinbürgerliche Gängelung,
Gehirn abgeben an der Wohnungstür,
Gehirn gar nicht erst mit zur Arbeit nehmen,
deswegen Gehirn kaputt saufen im Schützenverein,
weil Vereinsmeierei als Religionsersatz.
Das geliebte Auto als Daseinsersatz,
ein wirklich prächtiges Leben,
für Wohnung, Heizung, Vaterland,

…und was bleibt?

Der Hass und Neid auf Andersdenkende,
den Unangepassten in unserer Gesellschaft (zu denen man selber gerne gehören würde),
den Menschen, die mit mehr als zehn Frauen geschlafen haben,
den Menschen, die auch wochentags mehr als nur ein paar Gläser trinken,
den Menschen, die immer das machen was man auch gern machen möchte aber sich nicht traut,
den Menschen, die man heimlich beneidet,
und sie deswegen noch mehr hasst,

ja, das ist wohl ein guter Bürger,
ein anständiger Deutscher!

Denunzieren will gelernt sein.

Wirklich *erbärmlich!*

TM

M B ∘ A R T B O X

Gedichte
&
Gedanken

Armut

Armut ist ein Ort,

Endablagerungsstelle

für ausgebrannten,

aussortierten und

weggeworfenen Menschen – Müll.

Wer einmal an diesem Ort ankommt,

der weiß, die Türen gehen nicht mehr auf

und der Schlüssel steckt von außen.

TM

M
B
○
A
R
T
B
O
X

Gedichte
&
Gedanken

Hey Jack

Hey Jack
Wieder „On the road"again
Wer ist denn diesmal mit
Carlo, Dean oder Ed Dunkel
Und wohin geht's
Wo ist Marylou
Weißt du überhaupt noch
Wer dich kennt
Wen du kennst
Wer du bist
Wo ist der Landstreicherdschungel
Den gab es für dich doch gar nicht
Geschriebene Absteiger und Aussteigerromantik
Eines nicht Zugehörigen
Du hattest doch immer ein Netz
Als Part-Time-Roadie
Wirklich außergewöhnlich
„Unten in Denver, unten in Denver.
Fühlte ich mich tot."
Was für eine Lyrik
Gab es nichts mehr zu kiffen
Was ist nur los mit dir
Dorfflagellantentum verwechselt –
Mit großmannssüchtiger Weltläufigkeit
Bravo Jack
Ist dir schon mal aufgefallen
Das man kein Landstreicher sein kann
Wenn man zur Bourgeoisie gehört
Peinlich
Hoffentlich hast du wenigstens
Dexter Gordon verstanden

Wer leiht dir denn als nächstes Geld
Damit du wieder unterwegs sein kannst
Wieder deine Tante
Wie revolutionär
Und warum bist du eigentlich unterwegs
Überall wo du hinkommst
Machst du nichts
Was soll das

™

M
B
∘
A
R
T
B
O
X

- - - - - - - -

Gedichte
&
Gedanken

Warum verkaufst du uns das
Als literarisches Manifest
Angeblich hast du das Amerika entdeckt
Das die bürgerliche Erfolgsmoral nicht kannte
Alle doof außer dir
Willst du uns sagen
DU bist die bürgerliche Erfolgsmoral
Worin besteht sie
Geld pumpen, Leute beklauen und abzocken
Ich dachte immer
Du hättest mit Jazz, Marihuana und Sex zu tun
Was spielst du uns vor
Wieso hast du von nix Ahnung
Und behauptest das Gegenteil
Jack, lass es sein
Bleib bei deinen Spießern
Die angeblich so wild sind

Und wenn du das nächste Mal Dexter Gordon hörst
Denke daran – wie es hätte sein können

TM

M B
○ A R T B O X

Gedichte
&
Gedanken

Justitia

Wenn Richter verurteilen,
meist geplant und nicht ehrlich,
muss Max Mustermann eilen,
denn es wird meistens gefährlich.

Doch gehörst du nicht zum Pöbel,
sondern bist oben mit dabei,
dann vermeidest du das Übel,
und bewegen kannst du dich frei.

Verfassungen beugen,
und Gelder verschleudern,
mit befreundeten Zeugen,
den Sozialstaat ausräubern.

Ob Ackermann, Esser,
ob Hartz oder von Pierer,
die Anwälte sind besser,
das Volk der Verlierer.

Zahlst du mal zu wenig,
das Finanzamt gleich tobt,
immer wirkt des Staates Kraft,
und Mustermann muss in Haft.

Champagner und Kaviar,
sind für Mustermann nicht gemacht,
und die blinde Justitia,
dient den Eleven der Macht.

Gerichte sprechen,
im Namen des Volkes,
Urteile statt Recht.
Inklusive Mehrwertsteuer.

BLINDE JUSTIZIA
WERDE SEHEND!
SCHAU DEN VERBRECHERN
ENDLICH DIREKT INS GESICHT!

M B
○
A R T B O X

Gedichte
&
Gedanken

Politik?

Seien Sie nicht verdrossen,
sie gehört zu unserem Leben,
auch wenn wir nicht verstehen,
und Politikern auch nicht vergeben.

Schon mal christlich demokratisiert?
Schon mal sozialistisch unionisiert?
Wissen Sie, wie man das macht?
Sie müssen Lügen, auf das es kracht!

Zuerst versprechen,
was man nicht hält,
und dann entscheiden,
was nicht gefällt.

Dann schwarze Konten,
auf Schweizer Banken,
denn ohne Geld,
kommst du ins wanken.

Wenn du gefragt wirst,
bemüh nicht dein Gedächtnis
woher das Geld ist,
erfind ein jüdisches Vermächtnis.

Erschwindle Vertrauen,
auf das man dir glaubt,
und wenn das nicht hilft,
nimm dir einen Blackout.

Christlich ist,
du wirst es schon glauben,
was gut ist für dich,
in anderen Augen.

--------------*Bonus – Ausgabe - Bundesrepublik Deutschland:*

Politik will gelernt sein,
das weißt jetzt auch du,
und stehst du auf Lügen,
dann wähl CDU.

Das muß noch gesagt sein,
und tut es auch weh,
es geht leider wirklich,
auch mit SPD.

Museumsbesuch II – Einigkeit, so ist es und anders

Rezeption sagt nein
Aufsicht sagt ja
Chef weiß von nix

Sonntag für Sonntag
Jahr für Jahr

Der Besucher wundert sich
Mal ein freundliches „Nein"
Mal ein grimmiges „Ja"
Chef weiß von nix

Freundliches „Nein"
Ist besser als grimmiges „Ja"
Chef sagt: Information an der Rezeption
Rezeption jetzt: Keine Zeit
Bitte Aufsicht fragen
Aufsicht hält Kinder vom betatschen der Skulpturen ab

Besucher wissen nicht – Ja oder Nein
Darf ich oder nicht
Chef weiß von nix
Ist aber genervt

Sonntag für Sonntag
Jahr für Jahr

Nerven haben immer nur die anderen

TM

M B

○

A R T B O X

Gedichte
&
Gedanken

Nein Nazi, du bist nicht Deutschland

Nein Nazi, du bist nicht Deutschland,
dafür passen aber andere Attribute zu dir:

Dumm,
Geistesgestört,
Zurückgeblieben,
Unterschicht,
Bildungsresistent,
IQ-2,
Plump,
Primitiv,
Undeutsch,
Peinlich,
Labil,
Wertlos,
Hohl,
Unerträglich,
Nullnummer,
Prollo,
Verblödet,
Stumpf,
Nicht mal CDU-tauglich,
Unterentwickelt,
Arschlocherprobt,
Klapsmühlengeignet,
Zu nix zu gebrauchen,
Selbst 08/15 wäre zuviel – und jetzt,

Platz für eigene Vorschläge:

™

MB
○
ARTBOX

- - - - - - - -

Gedichte
&
Gedanken

Orientierungslosigkeit

Unsicherheit,
ich hab keine klare Erkenntnis.
Konflikte,
erzähl mir den wirklichen Sinn.

Umgang mit Macht,
ohne Fachkompetenz begreifen.
Lebensweg – Ziele.
Desillusionierung verbreiten.

Führungsstile –
Nicht partizipativ,
sinnlose Fragen,
organisatorisch depressiv.

Abrufen, erweitern, speichern.
Abrufen, erweitern, speichern.
Erwachen, Ziele, Unwissen.
Erwachen, Ziele, Unwissen.

Formalismus.

TM

M
B
∘
A
R
T
B
O
X

Gedichte
&
Gedanken

Paradigmenwechsel (Unvollendet)

Jetzt, wo ich nicht mehr zu den Jungen gehöre,
finde ich sie einfach ätzend.
Alles, aber auch wirklich alles kommt mir bei denen
total bescheuert vor.
Wie konnte ich überhaupt nur jemals irgendetwas gut finden,
was sich die bescheuerten Teens, Twens und Twenty-Somethings
anhören, lesen oder denken?
Aber lesen und denken
kennen die ja gar nicht mehr.
Ich glaube ich bin jetzt genauso wie die Leute,
die ich als junger Mensch immer total gehasst
und abgelehnt habe,
benutze die gleichen Sprüche,
bin auf einmal auch ein Besserwisser.
Früher habe ich es immer gehasst,
wenn man mir das Gefühl gab,
ich sei nur ein halber Mensch.
Das meine Musik zwar toll ist, aber die Musik
die SIE hören noch viel toller ist,
das Bücher, die ich lese,
SIE schon viel früher gelesen haben
und diese natürlich auch besser verstanden haben.

Aber irgendwie schaffe ich es nicht,
mich als früheren halben Mensch selber auszulachen.
Aber wahrscheinlich werde ich immer
das besser finden, was ich mache,
egal ob jung oder alt.
Wenn ich ehrlich bin,
und das bin ich nicht immer,
finde ich auch Gleichaltrige total bescheuert.
Hat wohl doch nichts mit dem Alter zu tun.
ICH bin wohl einfach nur bekloppt.
Wie erfreulich das ich mich nicht geändert habe!

TM

M B ∘ A R T B O X

Gedichte
&
Gedanken

Postkarte von dem Teufel

War es die Mühe wert
so viele Jahre zu studieren?
Nacht für Nacht über Gesetzesbücher zu verbringen,
Englisch, Russisch, Französisch zu lernen?

Die besten Jahre deiner Jugend zu opfern
um ein hoch gebildeter Mann zu werden,
um ein großer Redner zu werden,
um das Arschloch zu werden, das du bist?

Hast du etwas getan
um ein neues, ein gutes Sozialgesetz zu schaffen,
um die Narren davon zu überzeugen,
dass Frieden das Beste ist auf Erden,
um die Worte der Sanftmütigen zu verkünden,
oder wenigsten mit deiner erlernten Überlegenheit,
die Menschen dazu zubringen,
sich zu bessern und nichts mehr böses anzutun,
hast du jemals irgendeinen armen Teufel gerettet?

Nichts von alledem!
Du warst nur besessen davon,
nach oben zu kriechen,
keine Rosette auszulassen,
zweifelhaften Ruhm zu erwerben,
eine widerliche Karriere zu erschleichen.

Glückwunsch, mein Freund!
Deine Siegermiene ist fast echt,
dein lachen gekünstelt,
deine falschen Worte so ehrlich,
die Zunge immer belegt,
die sich für deine ruhmreiche Karriere so prostituiert hat,
du bist wirklich ein Vorzeige-Mensch!

Mit der größtmöglichen Verachtung grüße ich dich,
du wirst es trotzdem nicht verstehen.
Ich hoffe auf dein schmerzliches Ende irgendwann,
denn mehr – kann ich beim besten Willen nicht für dich tun!

TM

M B ∘ A R T B O X

––––––––

Gedichte
&
Gedanken

Später

Das Alter braucht mildes Licht,
angefüllt mit Sehnsucht nach der Anders-Welt,
die Grenzen zwischen hier und dort durchschauend,
kosmische Erfahrung mit gebrochenen Flügeln,
der Geist ist aufgefahren, ich wandere nun unwürdig umher.

^{TM}

M B ∘ A R T B O X

Gedichte
&
Gedanken

Ode an die Literatur

Worte lassen einem manchmal
Das Gehirn explodieren
Formulierungen bringen neue Welten
In das Reich des eigenen Egos Phantasia

Die Grenzen des Denkens
Sind ohne Wärter
Sinn und Wahn
Verschmelzen zu orgiastischen Freuden

Ein Ausbruch
Aus der Konformität -
In Worten und Augenblicken
Schlägt einem mit jeden Satz
Locker aus
Der grauen Tristesse der Realität

TM

M
B
○
A
R
T
B
O
X

- - - - - - - -

Gedichte
&
Gedanken

Nightsession

Die Flasche Wein ist geöffnet
Die Jazzmusik spielt
Die „Nightsession" hat begonnen
Gedanken warten darauf
Im Dunkeln formuliert zu werden
Stunden liegen wie vorbeirasende Züge
In einem immer wiederkehrenden Zyklus
Des nicht Greifbaren vor mir

Duke Ellington wetteifert
Mit Mister Anderson
Um die Rechtmäßigkeit der realen Matrix
Ich werde nicht wechseln
Und bleibe in meiner

Die weißen Linien der Vernunft
Verschwinden ohne ein Stoppschild
Die Wärter sind nach Hause gegangen
Kontrolle in eigener Sache
Der vorbeirasende Zug hat trotzdem Verspätung
Das Unternehmen Zukunft
Zerbröckelt in der Vergangenheit
Und bestätigt die Gegenwart

Die Maske passt wieder
Ohne das die Schäden behoben wurden
Der Griff nach dem Ganzen
Ist leichter als ein Handschuh
Der zwischen die Zeilen geraten ist

In dubio pro veneficus*
In dubio pro aequalitas**

Die "Nightsession" geht weiter
Und nimmt fahrt auf
Der Weg bestimmt
Nicht immer das Ziel
Die Tendenz ist unbestimmt
Die Gedanken sind es nicht

*   veneficus = Giftmischer
** aequalitas = Gleichartigkeit

TM

M B

∘

A R T B O X

Gedichte
&
Gedanken

Ansichten von der Zivilisationstheke

Guter Tag?

Wieder ein Tag,
der dem gestrigen ähnelt,
anscheinend der erste einer Reihe,
sich endlos erstreckender Tage,
mein hypertrophiertes Zerebrum weiß,
es ist ein weiterer Tag,
eines begrenzten Vorrats.

Aber mein „Alles-wird-gut" Optimismus,
hatte schon immer eine großartig naive Begabung.

Carpe noctem!

™

M B
∘ A R T B O X

- - - - - - - -

Gedichte
&
Gedanken

Teil III: Sermo Et Narratio

Quod non est in litteris, non est in mundo

(Was nicht in Büchern steht, ist nicht in der Welt)

Grundsatz des alten schriftlichen Prozeßverfahrens.

TM

M B
○
A R T B O X

- - - - - - - -

Gedichte
&
Gedanken

LISA und PAUL – Teil I

Lisa: Sag mal, glaubst du an Gott?

Paul: Ich weiß nicht, warum fragst du?

Lisa: Na ja, der Papst war doch erst letztens hier zu Besuch und fast alle meine Freundinnen waren ganz aufgeregt deswegen.

Paul: Du hast aber komische Freundinnen!

Lisa: Normalerweise sind sie ja nicht so. Aber einige sind halt zum Flughafen gefahren. Du hast doch bestimmt diese Bilder in den Nachrichten gesehen, wo die Jugendlichen an den Absperrungen standen und wie im Fußballstadion immer wieder „Benedetto" gerufen haben?

Paul: Ja, habe ich gesehen. So ein Schwachsinn.

Lisa: Wieso Schwachsinn? Wenn die nun mal an den Papst glauben?

Paul: Und was glaubt der Papst?

Lisa: Das weiß ich nicht so genau. Ich glaub, er mag keine Schwulen.

Paul: Und das findest du in Ordnung?

Lisa: Nein, nein. Aber irgendwas muss er ja zu den Schwulen sagen. Ich mein, normal ist das doch nicht, wenn sich zwei Männer den Finger in den Popo stecken. Oder vielleicht noch was ganz anderes. Muss doch nicht jeder mögen.

Paul: Ich finde, das geht dem Papst gar nichts an.

Lisa: Bist du schwul?

Paul: Nein, verdammt, das weißt du doch, was soll das? Nur weil ich denke, dass es jedem selbst überlassen sein sollte, wen oder was er liebt. Muss ich doch noch lange nicht schwul sein. Im Übrigen sind doch die Kirchenheinis die größten Schwulen unter der Sonne.

Lisa: Der Papst ist doch nicht schwul, oder?

Paul: Nein, der nicht.

Lisa: Woher willst Du denn das so genau wissen? Bist du jetzt neuerdings ein Fachmann auf diesem Gebiet?

Paul: Nein, das nicht. Aber er kommt doch nicht aus Köln, sonder aus Bayern, und da gibt es keine Schwule.

Lisa: Wer sagt das?

Paul: Der Stoiber sagt das.

Lisa: Soso, und was war mit dem Mooshammer? Soweit ich mich erinnern kann, sah der doch nicht nur so aus, sondern war es doch auch? Und dieser andere Schauspieler, wie hieß er noch gleich, Sepplmayer, oder so ähnlich?

Paul: Du meinst Sedlmayr. Walter Sedlmayr.

Lisa: Ja genau. Waren die nicht schwul?

Paul: Doch, die sind aber umgebracht worden.

Lisa: Weil sie schwul waren?

Paul: Nein…, ja…, vielleicht, woher soll ich denn das wissen? Wahrscheinlich hatten sie zu viel Geld und zu viele Neider oder man wollte sowas eben in Bayern nicht. So ganz normal sind die da ja auch nicht.

Lisa: Mmh.

Paul: Schwul und Reich, vielleicht passte das ja einigen nicht. In Bayern kann das eben gefährlich sein. Glaube ich jedenfalls.

Lisa: In Berlin nicht?

Paul: Wieso?

Lisa: Na, da ist doch der Wowereit! Und der ist Schwul und Bürgermeister und deswegen Reich. Oder ist der Arm?

Paul: Nicht ganz. Der Wowereit selber ist nicht arm, das Land Berlin ist arm und er als Chef und Bürgermeister von Berlin ist quasi Arm und Reich, verstehst du?

Lisa: Verstehe, deswegen wird der nicht umgebracht. Das finde ich aber ungerecht.

Paul: Warum sollte jemand denn den Mann umbringen?

Lisa: Weiß ich nicht. Warum wurde dann der Mooshammer umgebracht? Nur weil der nicht Bürgermeister war?

Paul: Lisa, Lisa, der Mooshammer wurde, glaube ich, umgebracht, weil er sich mit fiesen Leuten und so eingelassen hat. Der Sedlmayr übrigens auch.

Lisa: Mussten die sich mit fiesen Leuten einlassen weil sie Schwul waren und keine normalen Freunde finden konnten?

Paul: Das kann schon sein, man kann ja nicht erkennen, wer anders ist und wer nicht. Das sieht man ja nicht.

Lisa: Mein Onkel sagt immer, er würde die Schwulen noch zehn Meter gegen den Wind erkennen. Die hätten so was unnormales an sich.

Paul: Dein Onkel war bei der SS, für den sind alle Menschen Unnormale, Kommunisten und Schwule! Weißt du noch, wie er bei der Wahl des Papstes gegrölt hat: „Und der war auch in der NSDAP."

Lisa: Stimmt. Er findet auch seit kurzem den Grass unheimlich gut. „Das hätte ich ihm nicht zugetraut, diesem bolschewistischen Sauerkrauthasser." Drei Tage lang konnte ich mir das anhören. Hätte der Grass auch früher sagen können.

Paul: Der hat übrigens auch geschrieben, dass er den Ratzinger als NSDAP-Mitglied getroffen hätte. Damals, kurz vor dem Ende 1945. Die sind ja beide gleichaltrig, beide Jahrgang 1927.

Lisa: Wer, mein Onkel?

Paul: Nein, der Grass. Dein Onkel kann doch gar nicht schreiben.

Lisa: Ja, schon gut. Aber, stimmt das denn?

Paul: Glaub nicht.

Paul und Lisa sehen sich an. Schweigen. Lisa denkt nach.

Lisa: Vielleicht war der Papst ja in der NSDAP, weil er schon damals die Schwulen nicht mochte. Könnte doch sein? Ich meine, niemand wird doch so einfach Papst, und zack, hat er was gegen Schwule. Das kommt doch irgendwo her?

Paul: Ich nehme mal an, das liegt an der Erziehung.

Lisa: Seit wann brauchen Päpste Erziehung?

Paul: Eigentlich schon immer.

Lisa: Wie meinst du das?

Paul: Lisa, Menschen werden nicht als Päpste geboren, deswegen haben sie genauso wie wir eine Erziehung gehabt. So richtig mit Eltern und dem ganzen drum und dran.

Lisa: Ja ja, ich bin ja nicht doof. Trotzdem würde ich gerne wissen, warum der Papst die Menschen nicht mag?

Paul: Wie kommst du denn darauf, dass der Papst die Menschen nicht mag?

Lisa: Er will doch immer, dass die Menschen sich nicht lieb haben, egal ob schwul oder nicht. Warum sonst dürfen sich die Menschen denn nicht lieben?

Paul: Sie dürfen sich doch lieben!

Lisa: Aber erst, wenn sie ein Papier unterschrieben haben.

Paul: Das nennt man „Heiraten"!

Lisa: Und ohne heiraten darf man also nichts. Schwachsinn! Als ob man ein Papier bräuchte um sich gern zu haben. Die Eltern von Jessica zum Beispiel sind auch nicht verheiratet und haben sich lieb.

Paul: Das erzähl aber mal nicht dem Papst, der würde nämlich sonst böse werden.

Lisa: Dem werde ich gar nichts erzählen.

Paul: Würde ich auch nicht machen.

Lisa: Das geht dem auch gar nichts an. Der soll mal lieber selber mit seiner Frau glücklich werden. Die armen Kinder. Ich möchte nicht Kind von einem Papst sein.

Paul: Der Papst hat keine Frau und Kinder.

Lisa: Wieso? Hat er sich das selber verboten?

Paul: Nein, nicht er selber, aber die Kirche hat es verboten, und er muss jetzt danach gucken, das sich auch alle dran halten. Verstehst du?

Lisa: Der Papst ist doch die Kirche, da kann er das doch wieder abschaffen! Es gibt doch bestimmt noch nette Omis die frei sind und noch Lust auf alte Knacker haben. Außerdem hat unser Geschichtslehrer mal gesagt, Päpste hätten früher auch Frauen und Kinder gehabt.

Paul: Sie hätten sie aber nicht haben dürfen.

Lisa: (wütend) Warum verbieten sie dann etwas, wenn sie sich selber nicht dran halten. Da ist es doch kein Wunder, wenn andere es genauso machen. Ganz schön bescheuert, diese Päpste.

Paul: Finde ich auch:

Lisa: Wird Zeit, das endlich mal jemand Papst wird, der nicht um die hundert ist, oder zumindest so aussieht.

Paul: Ich würde eher sagen, der sich zumindest nicht so benimmt.

Lisa: Erst Eis essen gehen und dann rumposaunen, Eis essen macht krank. Kein Wunder, das der keine Omi mehr abbekommt.

Paul: Weißt du eigentlich, dass der Papst gesagt hat, dass du aus meiner Rippe entstammst?

Lisa: Aus Deiner? Du hast sie ja nicht mehr alle! Ich komme aus meiner Mutter – du Spinner!

Paul: Ich meine ja nicht meine persönliche Rippe, sondern die von dem Urmann, der zuerst auf der Welt war. Und weil er so alleine war, wurde aus seiner Rippe die Frau raus geschnitzt, oder abgeschabt, wie immer das auch gehen mag.

Lisa: Nimmst du Drogen?

Paul: Nein! Das steht in der Bibel, ehrlich.

Lisa: Also jetzt mal langsam. Wenn ich aus deiner Rippe stamme, wo kommen denn dann die Kinder her, werden die aus meiner Rippe dann geschnitzt, oder was? Soweit ich nämlich unterrichtet bin, bekommen ja wohl immer noch die Frauen die Kinder.

Paul: Das weiß ich, ich bin ja nicht blöd, aber so hat alles angefangen.

Lisa: Ich glaub dir kein Wort. Wenn zwei Menschen, also Mann und Frau, nicht Mann und Mann oder Frau und Frau, sich nackt aufeinanderlegen, dann machen sie Babys, und nicht wenn sie mit Messern aufeinander losgehen um sich die Rippen zu filettieren. Wer so einen Unsinn erzählt, der gehört doch hinter Gittern.

Paul: ICH (laut) habe mir das ja auch nicht ausgedacht. Aber wenn man das nicht glaubt, dann ist man ein böser Mensch und kommt nicht in den Himmel!

Lisa: Wer mir so einen Schwindel erzählt, ob Kirche oder nicht, der gehört für mich in die Klappsmühle. Wenn das stimmen sollte, ich betone, nur mal angenommen…, dann wären wir ja ein Inzestvolk. Das wäre ja noch viel schlimmer als Schwul sein.

Paul: Irgendwie hast du ja Recht. Vielleicht waren diejenigen, die sich das ausgedacht haben, schlecht drauf, hatten nichts mehr zu trinken oder zu rauchen.

Lisa: Das entschuldigt aber noch immer nicht diesen Müll, den sie uns da erzählen. Irgendwo ist Schluss mit lustig. Ich glaub, ich muss mir die Bibel mal ausleihen, mal sehen ob die noch so ein paar Knaller auf Lager haben.

Paul: Haben die! Wetten? Das mit Maria zum Beispiel. Klasse Geschichte, erste Sahne, kommst du nie drauf!

Lisa: Wenn du mich nochmal verarschst, rede ich nicht mehr mit dir!

Paul: Ich hab doch noch gar nichts gesagt. Also, willst du wissen, was die sich noch ausgedacht haben?

Lisa: Ja, aber nicht wieder so was abgedrehtes, klar!

Paul: Na ja, ob abgedreht oder nicht, jedenfalls sagen die zum Beispiel, das Maria ein Kind bekommen hat, ohne vorher mit jemanden zu pimpern.

Lisa: Ohne SEX?

Paul: Ja, ohne Sex.

Lisa: Das geht nicht. Wer so was sagt, der lügt doch!

Paul: Aber nicht in der Kirche, die lügen nicht, die glauben so was.

Lisa: Quatsch, das geht nicht. Wie soll man denn Kinder bekommen, wenn man sich nicht liebt? Vielleicht sollte man den Kirchenleuten mal erzählen, dass das Märchen vom Klapperstorch selbst bei achtjährigen Jungen und Mädchen nur noch ein mitleidiges Kopfschütteln erzeugt.

Paul: Die meinen ja auch nicht alle, sondern nur Maria. Die wissen schon, das die anderen sich lieben. Nur bei ihr war das so, weil ihr Blag quasi der Sohn Gottes gewesen ist, und weil der nun mal nach dem Willen von einigen Alkoholikern, ich mein Apostolikern, nur von einer Jungfrau geboren werden konnte.

Lisa: Wieso denn das?

Paul: Weil Gott rein ist, und wenn jemand Sex gehabt hat, dann war derjenige nicht mehr rein, also war er schuldig und hat gesündigt, und deswegen haben die einen Weg gesucht, Gott und Maria unschuldig zu machen. Also hat Maria den Jungen einfach so bekommen, ohne fummeln und dem ganzen drum und dran.

Lisa: Entweder hassen die Kirchenleute Frauen oder sie sind einfach nur total blöde und bescheuert. Ich meine, wie blöd muss man sein, um das den Leuten zu erzählen, wo doch sogar Päpste wissen, das man ficken muss um nervende Kinder zu kriegen.

Paul: (entrüstet) LISA!!!

Lisa: Was? Ist doch wahr. Wer soll denn so was glauben? Ich habe immer gedacht, Schulpflicht gilt für alle, auch Päpste und Pfaffen. Wie sollen die denn ihren Job vernünftig machen, wenn sie im Biologie-Unterricht nicht aufgepasst haben? Du weißt schon, mit den Bienen und den Blümchen und dem bestäuben.

Paul: Deswegen heißt das ja auch „Glauben", und nicht „Wissen".

Lisa: Soll das heißen, nur weil *die* doof sind, müssen wir das glauben. Die sollen gefälligst zur Schule gehen.

Paul: Du musst das mythologisch sehen!

Lisa: Aha, mythologisch! Sonst noch was? Das würde ja bedeuten, das die Geschichte nicht wahr ist und die Kirche erzählt doch genau das Gegenteil. Und was ist eigentlich mit den Geschwistern von diesem Jesus? Er hatte doch vier Brüder und drei Schwestern. Wie sind die denn alle gekommen? Auch durch unerklärliche Babyzufuhr? Stell dir das mal vor, du wachst auf und bist schwanger, einfach so!

Paul: Ist einer Klassenkameradin von mir auch passiert!

Lisa: Pech, wenn man nicht heilig ist. Aber mal ehrlich, wie deprimierend! Irgendwie sieht das den Pfaffen aber auch ähnlich, wenn die keinen Spaß haben dürfen, dann dürfen andere auch keinen Spaß haben.

Paul: Ich finde, die sollten ruhig auch mal was Spaß haben, vielleicht werden die dann ein bisschen lockerer.

Lisa: Vergiss es. Guck dir doch mal unseren Pfarrer an. Jedes mal wenn ich ihn auf der Straße treffe, fragt er mich, ob ich nicht mal wieder in die Kirche kommen möchte und wann ich denn überhaupt das letzte mal gebeichtet hätte?

Paul: Vielleicht gehen ihm langsam die Geschichten aus. 30 Prozent der Pfarrer holen sich nämlich während der Beichte einen runter.

Lisa: Unserer bestimmt nicht. Dafür müsste bei dem erstmal was hochgehen (lacht).

Paul: Ich weiß nicht. Grinsen kann er auf jeden Fall ziemlich hinterhältig.

Lisa: Quatsch! Die sind doch alle viel zu alt. Unser Pfarrer ist doch bestimmt schon 100. Der kriegt bestimmt keinen mehr hoch. Soll er doch grinsen. Seelig sind die geistig Armen. So predigen die doch immer. Fragt sich nur, ob die sich nicht selber gemeint haben. Wann warst du eigentlich das letzte Mal in so einem Seniorenstift?

Paul: Bei der Beerdigung von Tante Anne-Margarethe. Weißt du noch, die mit dem furchtbaren Dutt auf dem Kopf? Du warst doch auch da.

Lisa: Ja stimmt. Die hat doch immer gesagt, wenn Kinder immer ganz viel Kaugummi kauen, bekommen sie später auch Kaugummikinder.

Paul: Da waren richtig viele Leute auf der Beerdigung, fast hundert Personen.

Lisa: Ist ja klar, da gibt's ja dann immer im Anschluss Beerdigungskaffee und so was.

Paul: Die meisten sind bei „und so was" geblieben. Weißt du noch, wie sich Onkel Kurt gewundert hat, wieso so viele auf der Beerdigung waren und Tante Käthe daraufhin losgepoltert hat: „Die wollen doch nur alle sicher gehen das sie auch wirklich unter die Erde kommt." Das war der Startschuss für „und so was".

Lisa: Erwachsenen sind eigentlich blöd. Die können doch auch saufen ohne das einer stirbt.

Paul: Tun sie ja auch! Nur auf Beerdigungen kostet es halt nix.

Lisa: Stimmt auch wieder. Und immer dieses ewige Geziere, bis sich endlich jemand traut, den ersten Schnaps oder das erste Bier zu bestellen.

Paul: Bis auf deinen Onkel. Der war wieder direkt bei der Sache.

Lisa: DEIN Onkel Kurt hätte aber auch nicht fragen sollen, welches Lied man den jetzt mal für die Tante singen sollte.

Paul: Worauf dein Onkel direkt gebrüllt hat: „Das Horst- Wessel-Lied." War direkt Stimming im Karton. Bin mal gespannt, wann die nächste Beerdigung ist, kann ja nicht mehr so lange dauern.

Lisa: An wen denkst du?

Paul: Weiß nicht. So viele sind ja nicht mehr da.

Lisa: Und wenn der Papst stirbt? Der war ja nun auch schon lange genug auf dieser Welt.

Paul: Dann machen wir ein ganz großes Faß auf!

ENDE TEIL I

^{TM}

M B

∘

A R T B O X

- - - - - - - -

Gedichte
&
Gedanken

LISA und PAUL – TEIL II

Lisa: Was hast du denn da?

Paul: Die aktuelle Fernsehzeitung, ich will dir da mal was zeigen.

Lisa: Aha, irgendwas Interessantes?

Paul: Na ja, eigentlich mehr was zum…, wie soll ich sagen, zum ärgern, mehr noch, zum kotzen.

Lisa: Was ist es denn?

Paul: Hör mal zu und sag mir was du davon hältst, ich lese dir jetzt mal was vor. Pass bitte auf:

„Januar 45: Millionen Ostpreußen werden von der Roten Armee eingekesselt. Hunderttausende sind auf der Flucht. In der Danziger Bucht liegt die „Wilhelm Gustloff", Hoffnung für 10 000 verzweifelte Flüchtlinge. Am ersten Tag der Überfahrt torpediert ein Sowjet-U-Boot den Dampfer. Über 9000 Menschen finden in der eiskalten Ostsee den Tod."(TV-Digital/ Ausgabe Nr.5 – 22.02.2008)

Na, was sagst du?

Lisa: Ziemlich arme Schweine, die da auf dem Schiff.

Paul: Ich hab's mir fast gedacht, dass du so was sagst. Jetzt schau doch mal bitte auf das Datum, wann das passiert ist!

Lisa: Januar 1945, und?

Paul: Wie und? Was war denn im Januar 45, na?

Lisa: Hmm, da waren noch die Nazis mit ihrem dritten Reich am Werk, oder?

Paul: Richtig. Und was mich so ärgert ist, dass die Inhaltsangabe dem Leser suggeriert, das hier arme verfolgte Menschen von bösen Russen in den unverdienten Tod getrieben worden sind, oder?

Lisa: Ja, aber stimmt das denn nicht?

Paul: Ja und Nein. Die Gustloff ist schon beschossen worden und dann mit den Menschen untergegangen, aber das waren keine armen, hilflosen Flüchtlinge, die da auf dem Schiff waren.

Lisa: Nein? Wer denn sonst?

Paul: Das waren exakt solche Menschen, die auf den Tag genau vor 12 Jahren, Ironie der Geschichte – ebenfalls an einem 30.Januar, und zwar 1933, dem Hitler zugejubelt haben, die mit dafür gesorgt haben, das Deutschland judenfrei wurde, die mit geschrien, mit denunziert, mit gepöbelt, mit gemordet, mit verjagt und mit gehetzt haben. Also für mich hört sich das nicht nach unschuldigen Flüchtlingen an.

Lisa: Aber vielleicht waren das ja Menschen, die gegen Hitler gekämpft haben?

Paul: Also wer im Januar 1945 noch in Deutschland war, war alles mögliche, bloß kein Widerstandskämpfer. Die Menschen, die sich gegen die Nazis gewehrt haben, die saßen 1945 schon lange im KZ, falls sie nicht vorher schon ermordet wurden, oder flüchten mussten. Wer 1945 noch da war, gehörte genau zu den Leuten, die immer alles mitgemacht haben, ob Rassengesetze, Holocaust, Völkermord und was es nicht sonst noch so alles gab.

Lisa: Aber da waren doch auch Frauen und Kinder mit dabei! Da hätten die Russen doch zumindest dran denken müssen!

Paul: Aber Kinder werden irgendwann groß und dann werden die Jungen probieren, die Alten zu rächen.

Lisa: Die Russen haben doch nicht mehr alle Kieselsteine in der Mauer, wenn sie so was denken!

Paul: Tja, eigentlich hast du ja recht, aber es waren die Deutschen, die so argumentiert haben, als sie Millionen von Kindern und Frauen in Russland umgebracht haben – und was würdest du machen, wenn 20 Millionen deiner Landsleute inklusive Frauen und Kinder umgebracht würden, tausende Dörfer abgebrannt und vernichtet wären – und dann siehst du, wie diese Unmenschen, die das gemacht haben, sich feige vor der Bestrafung drücken wollen und sich heimlich still und leise aus dem Staub, bzw. aus dem Eis machen wollen, na?

Lisa: Ich würde dafür sorgen, dass jeder einzelne von diesen Arschlöschern und Mitläufern krepieren würde. Das ist ja widerlich. Erst Millionen von Menschen umbringen, und dann so tun, als ob man selber Opfer wäre.

174

Paul: Genau, Punkt erfasst! Deswegen ärgere ich mich auch so über diese nazifreundliche Aufmachung dieses Filmes, als ob es das dritte Reich gar nicht gegeben hätte. Und wenn jetzt auch noch jemand das in der TV-Zeitschrift liest und keine Ahnung hat , der muß doch dann denken, das die Russen und die anderen die Schweine sind und nicht der arme verfolgte und geknechtete deutsche Nazi samt Verbrechersippe.

Lisa: Jetzt verstehe ich langsam, das ist also gemeint, wenn man sagt, hier machen sich die Täter im Nachhinein zu Opfern. Das ist aber fies.

Paul: Sehe ich auch so. Mehr noch, ich finde das ganze einfach unerträglich. Das hört sich immer so an, als ob die über 20 Millionen in Russland und die fast 60 Millionen Menschen insgesamt, die der zweite Weltkrieg an Toten hatte, als ob diese Menschen selber schuld sind an ihrem verrecken.

Lisa: Sagt mein Onkel auch immer: „Die haben uns ja gezwungen, sie zu töten, an und für sich hatten wir ja nix gegen die, gut, waren Ausländer, aber da gibt es ja auch heute wieder genug von, also können wir die ja gar nicht alle umgebracht haben, ne?"

Paul: Furchtbar, dein Onkel könnte eigentlich auch langsam mal sterben!

Lisa: Der überlebt uns noch alle. Wie hieß das noch früher: „Hart wie Kruppstahl, zäh wie Leder und schnell wie ein Windhund". Den kriegst du irgendwie nicht kaputt. Da fällt mir ein, die Gustloff war doch auch so ein KdF-Schiff, Kraft durch Freude oder wie dieser Schwachsinn genannt wurde.

Paul: Stimmt, da durften sich dann die verdienten Massenmörder nach getaner Arbeit mit ihren Familien zur Belohnung entspannen. Also mal ehrlich, wenn ich Russe wäre, ich hätte dieses KdF-Schiff ebenfalls versengt. Wie konnten die Nazis nur davon ausgehen, dass sie damit durchkommen.

Lisa: Also ist die eigentliche Tragödie nicht, dass 9000 Nazis umgekommen sind, sondern das fast 1000 Ewiggestrige überlebt haben. Ich glaube, ich hätte jeden einzelnen von denen noch nachgejagt, bis ich auch den letzten Abschaum erwischt hätte, bis zum letzten Überlebenden.

Paul: Siehst du, Lisa, nicht nur Kinder mussten wegen ihrer späteren Rache sterben!

Lisa: Aber wenn das jetzt der unwissende Fernsehzuschauer alles nicht weiß und die TV-Zeitung komischerweise so tut, als ob es die Nazis gar nicht gegeben hätte, dann ist das doch gefährlich, so schürt man doch Hass gegen andere Menschen ohne das die etwas dafür können.

Paul: Das macht die Zeitung ja auch extra, die gehört ja mit zum Axel-Springer-Verlag, das sind quasi die neuen nationalen Führer, die dieselben hetzerischen Parolen gegen Ausländer und unanständige Deutsche veröffentlichen, damit das denunzieren und jagen und hetzen von anders denkenden Menschen wieder salonfähig werden kann. Julius Streicher hätte sicher seine Freude an diesem Verlag. Das sind ja alles Menschen die nicht „anständige Deutsche" sind.

Lisa: Und was sind „anständige Deutsche"?

Paul: Na, so Leute die auf der Gustloff waren, oder solche die die Bildzeitung lesen und glauben oder die heute wieder das Deutschtum aufleben lassen und all so ein schwachsinniges Zeug. Der Beckstein, der Huber, der Schäuble und der Stoiber oder der Söder, das sind auch alles gute Deutsche.

Lisa: Das ist aber mies, mit denen will ich aber nichts zu tun haben. Angepasste Arschkriecher und Mitläufer ohne eigenen Verstand.

Paul: Deswegen bist du ja auch keine anständige Deutsche.

Lisa: Na, Gott sei Dank! Aber mein Onkel sagt ja auch immer: "Deutsch bist du nicht, ich möchte mal wissen, mit welchen Passerlacken deine Mutter immer rum gemacht hat." (Lisa lacht laut auf) Das ist dann immer der Moment, an dem die Familienfeier gesprengt ist, jedes Mal wieder ein Highlight.

Paul: Kannst du dich noch daran erinnern, als wir auf eurer vorletzten Geburtstagsparty das „Spiel des Wissens" gespielt haben und deine doofe Cousine auf die Frage: Wie heißt die Biographie des Boxers Muhammed Ali? mit „Mein Kampf" geantwortet hat.

Lisa: Ja, klar! Und weißt du noch, was dein Onkel auf die Frage: Welcher Inselstaat wird seit 1952 von Fidel Castro regiert? geantwortet hat: BRASILIEN! (lacht)

Paul: War ja auch schon immer eine Insel, Brasilien. Manchmal frage ich mich auch, ob die Erwachsenen immer so schlau sind wie sie tun. Ich glaub's ja nicht.

Lisa: Nee, ich auch nicht.

Paul: Sag mal, hast du das mit Lichtenstein mitbekommen?

Lisa: Meinst du den Koch mit seinen jüdischen Vermächtnissen? Das ist doch schon etwas her. Ich frag mich sowieso, was da wohl in seiner Hohlbirne vorgegangen sein muß. Als ob jüdische Bürger einem Verein wie der CDU, die nach dem Krieg eine Unmenge von ehemaligen NSDAP-Mitgliedern aufgenommen hat, Geld vermachen würden. Wahrscheinlich auch noch dem Widerstandskämpfer gegen das dritte Reich, Hans Filbinger (lacht). Was war da eigentlich genau mit Filbinger?

Paul: Der war damals Marine-Richter bei den Nazis und ist mit mehreren Todesurteilen (insgesamt drei, Anm. d. Verf.) positiv aufgefallen. Sein letztes Todesurteil hat er übrigens ausgesprochen, da war die Gustloff schon auf dem gerechten Boden der Realität versunken.

Lisa: Dann gehörte Filbinger auch zu den anständigen und vorbildlichen Deutschen?

Paul: Jo, er war geradezu ein Prachtexemplar eines anständigen und vorbildlichen Deutschen.

Lisa: Und was war den jetzt mit diesem Urteil, das er da noch gesprochen hat?

Paul: Da ging es um einen jungen Mann, den Walter Gröger aus Sachsen, der wurde damals zur Marine zwangsversetzt und beschloss dann, zu desertieren.

Lisa: Na ja, das ist ja noch kein Grund, ihn deswegen direkt zum Tode zu verurteilen, oder?

Paul: Eigentlich nicht. Er wurde auch zuerst zu acht Jahren Zuchthaus verurteilt, aber dann kam unser Widerstandskämpfer Filbinger und sorgte dafür, dass diese Strafe in die Todesstrafe umgewandelt wurde. Er hat dann die

Erschießung in seiner Anwesenheit persönlich überwacht und befehligt.

Lisa: Das gibt es doch gar nicht!

Paul: Doch. Er hat sogar einen Bericht darüber geschrieben, warte mal, ich habe das irgendwo in meinem Geschichtsheft notiert – ich hole das Mal (geht zum Regal und stöbert in einem bestimmten Ordner). Aha, gefunden, hier ist es:

> **Das Kommando „Feuer" erfolgte um 16:02 Uhr. Der Verurteilte starb um 16:04 Uhr. Die Leiche wurde durch das Wachpersonal gesargt und zum Zwecke der Bestattung abtransportiert. «**

Quelle: „Metall", Zeitschrift der IG Metall, 1978

Lisa: Das ist ja der Hammer! So ein SCHWEIN!

Paul: Und weißt du, was er bis kurz vor seinem Tode 2007 immer wieder steif und fest behauptet hat?

Lisa: Nein!

Paul: „Was damals rechtens war, kann heute nicht Unrecht sein!"

Lisa: Das gibt es doch nicht. Das würde ja heißen, dass die Nazis damals Recht hatten und die „anständigen" Deutschen überhaupt nix falsch gemacht hätten. Also Blitzkrieg, Weltherrschaft, Holocaust und das alles.

Paul: Genau. Alles nur Antideutsche Propaganda von Volksschädlingen, die behaupten, die Deutschen hätten Schuld auf sich geladen. Aber das war ja noch lange nicht alles. Selbst nach dem Krieg in Gefangenschaft hat er noch einem Soldaten, der sich das Hakenkreuz von der Uniform gerissen hat, gesagt, er hätte ihn, wenn er noch Richter wäre, mit der Begründung zum Tode verurteilt, das sein Verhalten ein hohes Maß an Gesinnungsverrat darstelle. Hier steht noch was, was er als Widerstandskämpfer gegen die Nazis zur Nazi-Justiz geschrieben hat:

> **„Schädlinge am Volksganzen, deren offenkundig verbrecherischer Hang immer wieder strafbare Handlungen hervorrufen wird, werden unschädlich gemacht."**

Jetzt kannst du dir auch vorstellen, warum Filbinger in dem Prozeß gegen den Gröger auch dem seine schwedische Freundin, die ihm bei der Desertation geholfen hat, als „Nutte", „Schwein" und „Spionin" beschimpft hat!

Lisa: Öffentlich?

Paul: Ja, natürlich öffentlich. Ein Herrenmensch durfte doch so was. Ich finde es schon unverschämt, dass der Oettinger so jemanden als Widerstandskämpfer gegen die Nazis nennt. Was dieser Filbinger da gesprochen hat, war die Sprache des Täters und nicht die des Mitläufers, eben ein fanatischer Nazi-Richter, der bis zum Ende deines armseligen Lebens jede Schuld von sich geschoben hat. Noch nicht mal ein Wort des Bedauerns gegenüber den Menschen, die er in den Tod geschickt hat.

Lisa: Wie konnte der eigentlich Ministerpräsident von Baden-Württemberg werden?

Paul: Dafür brauchst du doch nur in der CDU zu sein. Die schützen doch Nazis, haben die doch immer gemacht. Das siehst du doch daran, wenn heute ein NPD-Aufmarsch ist, werden nicht die Neonazis verboten, sondern Opa, Oma, Vater, Mutter und alle anderen, die sich gegen die Nazis wehren, werden von der Staatsgewalt diskriminiert und mit Anzeigen wegen Landfriedensbruch oder Widerstand gegen die Staatsgewalt bekämpft. Der Schäuble nennt das „linke Gewalt".

Lisa: Aber es gibt doch die Demonstrationsfreiheit, die steht sogar im Grundgesetz.

Paul: Eben, und die gilt nicht nur für Nazis, sondern auch für Menschen. Im Übrigen ist der Nationalsozialismus und der Faschismus ein Verbrechen, und im Grundgesetz steht nicht, das man das Recht hat, für ein Verbrechen zu demonstrieren, Oder? Schon seltsam, wie der Schäuble und auch der Koch das immer auslegen. Aber die sind ja beide in der CDU.

Lisa: Und haben beide wegen verschwundener Spendengelder gelogen! Die sind bestimmt gute Freunde. Nicht nur wegen den Nazis und Lichtenstein.

Paul: Tja, aber anscheinend können die eh machen, was sie wollen. Die doofen Deutschen sitzen ja derweil sowieso vor der Glotze und gucken Asozialen-TV und Talkshows. Wobei ich mich immer Frage, ob das wirklich alles echt ist? Die Talkshows, meine ich.

Lisa: Sind die! Manchmal ist das zwar gestellt, aber wenn da immer ganze Familien in Joggingbuxen dasitzen und über Probleme mit der Nachbarschaft erzählen – also ehrlich, das kann man nicht stellen, die sind wirklich so.

Paul: Ob das wirklich die Freiheit ist, für die Rousseau gekämpft hat? Ich glaub's ja nicht.

Lisa: Wenn die wenigstens wissen würden, wer Rousseau ist, aber die kennen ja noch nicht mal unseren Bundespräsidenten.

Paul: Na ja, da gibt es aber auch wirklich schlimmeres.

Lisa: Hmm. Aber wenigstens den Namen sollten sie schon mal gehört haben.

Paul: Du verlangst einfach zuviel, Lisa.

Lisa: Quatsch! Ich geh doch auch noch zur Schule, das ist doch nun wirklich nicht zuviel verlangt, das man da mal aufpasst, oder? Was soll denn werden, wenn die alle doof bleiben und dann in das Alter kommen, wo die die Zukunft sind. Irgendwann sind die Alten doch nicht mehr da, und dann müssen doch jüngere Leute die Verantwortung übernehmen. Wie soll das denn gehen, wenn man noch nicht mal weiß, wie viel Bundesländer wir haben, oder wie Demokratie funktioniert? Da wird einem ja angst und bange.

Paul: Es gibt ja noch ein paar vernünftige Jugendliche. Es sind ja nicht alle nur doof.

Lisa: Ja, aber die, die nicht doof sind, das sind so Streber, wie in meiner Oberstufe. Von denen möchte ich aber auch nicht regiert werden. Das würde ja den Untergang des Parteiensystems bedeuten, die sind alle in der jungen Union oder wie das heißt.

Paul: So schlimm wird es schon nicht werden. Laut der neuesten PISA – Studie haben sich die Schüler hier ja wieder ein bisschen verbessert – zumindest im lesen.

Lisa: Na, da bin ich aber beruhigt – dann kann die Zukunft ja kommen.

ENDE – TEIL II

Charlotte und Tills Geschichte über einen Zigarettenautomaten

Seitdem gegenüber unserem kleinen Geschäft ein Zigarettenautomat hängt, hat sich unser Leben auf erstaunlichste Weise grundlegend geändert. Hierzu möchte ich anmerken, das wir, meine Frau Charlotte und ich, in einer großen Stadt, aber nicht in einer Großstadt leben und wohnen. Unser kleines Geschäft liegt in einer ebenso kleinen Gasse unweit des Marienplatzes unserer großen Stadt. Meine Frau, 38 Jahre alt, Typ Ute Lemper, aber ohne Ute, soll heißen, leider nicht ganz so mit dem guten Äußeren jener Person geeignet, aber in den Augen anderer und meiner immer noch gutaussehend, dafür mit der Gabe des ewigen Hinterfragens gesegnet (Warum macht der das jetzt? Das versteh ICH jetzt nicht, wieso er den Automaten anschreit?), und ich, Till, 43 Jahre alt, eher der ruhige Vertreter, mehr so wie Ulrich Wickert, nur nicht ganz so groß und alt. Wir verkaufen in unserem Laden Musikzubehör, CDs, DVDs und was sonst noch so dazugehört, allerdings spezialisiert auf den Jazz und Klassikbereich. Als vor mehr als neun Jahren dieser Zigarettenautomat gegenüber aufgehängt worden ist, viel er uns eigentlich am Anfang gar nicht auf. Bis zu jenem denkwürdigen Tag, als wir zum ersten Mal Zeuge der menschlichen Verzweiflung eines hoffnungslos untalentierten Mitbürgers wurden, bei dem technisch gesehen unspektakulären Versuch des Zigarettenziehens zu überleben. Das erste mal schauten wir herüber, unser Schaufenster liegt direkt Vis-a-vis, als wir ein Geräusch hörten, das sich in etwa wie das treten vor einem Blecheimer anhörte, nur etwas dumpfer. In einem Abstand von etwa anderthalb Metern hatte sich unser Zigarettenfreund vor dem Automaten positioniert, und sprang dann aus dem Stand mit einem, ähnlich wie bei einem Kung-Fu-Kämpfer aussehend, gewaltigen Tritt gegen eben diesen. Jetzt muss man wissen, das Zigarettenautomaten, je nachdem wo sie angebracht werden, in unterschiedlichen Höhen hängen (die kleinen Kinder sollen nicht an den Einwurfschlitz kommen. Als ob es nicht auch kleine Erwachsene gibt). In Kombination mit dem äußeren unseres Freundes, Typ Roberto Begnini, hatte diese Situation schon etwas surreales.

„Charlotte, komm mal schnell."

„Nein, jetzt nicht."

„Komm schon, das musst du sehen."

Nachdem Charlotte sich zu mir gesellt hatte, dauerte es keine zwei Minuten bis Sie sich einen Stuhl herangezogen hatte und nach scharfer Analyse der Situation die obligatorische Frage stellte:

„Sag mal, warum macht der das?"

Nachdem ich nicht direkt geantwortet habe, fragte Sie wieder, diesmal Stimmlage halbe Oktave höher:

„Versteh ich einfach nicht, warum macht der das, das sieht doch total bescheuert aus?"

„Er macht das doch nicht, weil das bescheuert aussehen soll."

Diesen Tick, sinnlose Fragen zu wiederholen, hatte Sie sich seit dem Abendkurs mit dem Thema „Lentoformen in Verbindung mit direktori-alen Fungibilitäten" angeeignet, und seitdem gehören diese zu ihrem Leben, wie ich, nur das ich nicht fungibel (austauschbar, ersetzbar, Anm.d.Verf.) bin, hoffe ich zumindest.

„Der Automat gibt ihm nicht, was er will."

„Dann geh rüber und sag ihm, er soll Geld einwerfen!"

„Charlotte, ich schätze den Mann auf cirka fünfunddreißig Jahre, denkst du wirklich, er glaubt, das man das Ding nur anstarren muss, und schon kommen Zigaretten heraus?"

„Weiß nicht, er benimmt sich jedenfalls so."

So seltsam die Antworten von ihr auch sind, bei wissenschaftlicher Be-trachtung und reiner Schilderung des Vorgangs hätte sie zumindest bei meinem damaligen Professor an der Uni gepunktet. Was Sie allerdings immer wieder außer acht lässt, ist die Tatsache, dass einer Reaktion immer eine Ursache vorausgeht, kausaler Zusammenhang. Und die Tatsache, dass unser Mann sich wie ein Springteufel gebärdete, lag in direkter Verbindung zu dem vorhergehenden Ereignis. Und dieses Ereignis war in diesem Fall recht eindeutig.

„Ich glaube, der Automat hat das Geld geschluckt."

„Das soll er ja doch auch, sonst wären die Zigaretten ja doch umsonst."

Bei Charlotte ist man gut beraten, Fragen mit „Ich glaube" zu beantwor-ten und nicht mit einer Feststellung als solche. Sie sagt dann immer, sie glaube man würde sie als dumm und naiv darstellen und sie ebenso behandeln, was natürlich nicht stimmt. Aber reden Sie dass mal einer Frau aus.

„Richtig, aber folgerichtig müsste der gute Mann dann auch seine Zi-garetten jetzt haben, was anscheinend ja nicht der Fall ist, oder was meinst du?"

Auch das noch kurz am Rande, ganz wichtig bei Charlotte, durch Nach-fragen ihr immer die Möglichkeit geben, die vorherige sinnlose Aussage zu korrigieren. Wer meine Frau kennt, würde jetzt sagen, aber lassen wir das…

„Trotzdem. Das ist noch lange kein Grund, wie ein Wahnsinniger auf diesen Automaten loszugehen."

Ich hätte jetzt am liebsten „Doch, das ist ein Grund" gesagt. Jeder weiß doch wie das ist, wenn man mit seinem letzten Geld vor einem Zigarettenautomaten steht, lungenschmachtend dieses einwirft um dann festzustellen, der Automat will nicht. In solchen Momenten können Kriege, Mord, Totschlag und alles zusammen entstehen. Oder das letzte Geldstück fällt durch, da hilft auch kein reiben oder befeuchten, wie wir es früher schon mal gemacht haben und was auch manchmal funktionierte. Wer das kennt, weiß wie die Hölle aussieht.

„Sag doch was, das ist nicht korrekt."

Ich schweige. Die letzten vier Worte hatte sie stakkatomäßig ausgesprochen, was eindeutig anrückende Gefahr bedeutete.

Plöng, und der nächste Tritt. Der Mann hatte definitiv mein Mitgefühl, aber das jetzt zu sagen, hätte unweigerlich in eine Diskussion über „behaviour correctness „ und „political correctness" geführt.

„Du weißt, dass ich recht habe?"

„Ja ja, aber du lässt das Individuum außen vor, und um das geht es doch hier, oder?"

Wieder Schweigen.

„Stell dir vor, du wärst in der Wüste, kurz vor dem Verdursten und scheiterst dann drei Zentimeter vor dem rettenden Wasserglas, und in dem Moment kommt jemand vorbei und sagt dir, du benimmst dich aber nicht korrekt. Da möchte ich dich aber mal sehen."

„Ich geh nicht in die Wüste."

„Darum geht es doch gar nicht. Der Punkt ist, das du an dein Ziel gelangst, oder besser gesagt, du bist kurz davor es zu erreichen, und dann scheiterst du."

„Ich weiß, worauf du hinaus willst."

„Na also."

„Das ist aber noch lange kein Grund sich wie ein Neandertaler aufzuführren, und jetzt Schluss damit."

Charlotte stand auf und ging wieder nach hinten. Der Mann gegenüber schien auch langsam aus der Puste zu kommen, da er bei dem letzten Sprung schon nicht mal mehr die Unterseite des Automaten traf. Armes Schwein. Geschlagen zog er ab, und dann passierte etwas, womit ich gar nicht gerechnet hätte. Anscheinend hatten außer Charlotte und mir auch noch andere unseren Roberto beobachtet. Denn als er gerade außer Sichtweite war, kamen zwei Jugendliche direkt auf den Automaten zu und drückten zu meiner Verwunderung den Münzrückgabeknopf und verschwanden mit dem rausgeklimperten Geld. Clever, auf die Idee wäre ich aber nach über zehn Kung-Fu-Sprüngen auch nicht mehr gekommen. Wut ist ein schlechter Ratgeber, hätte Charlotte jetzt gesagt und hätte damit wie immer auch noch Recht behalten. Zum Glück hat

Sie es nicht mitbekommen. Sie denkt an den Automaten, ich denke an den Menschen. Erst keine Kippen, und dann auch noch das Geld weg, *das* ist wirklich mies. Arschkarte eben.

Das nächste außergewöhnliche Vorkommnis fand drei Monate später statt. Ein älterer Herr, so um die sechzig, Frisur Urban Priol und ganz normale Statur, erinnerte irgendwie an einen verwirrten Professor, versuchte schon seit geraumer Zeit, ständig Geld in den Automaten zu drücken. Jetzt fällt hier und da schon mal ein Geldstück durch, aber alle und nacheinander, das kam mir ebenfalls sehr seltsam vor. Nachdem bereits eine Viertelstunde vergangen war, kam Charlotte zu mir rüber und fragte:
„Guckst du?"
So was kann Sie besonders gut. Anstatt zu sagen „Was macht der Mann da?" oder „Hat er Probleme?", nein, „Guckst du?". Was soll man darauf antworten? Sie schafft es auch mich zu Fragen, wenn sie mich sieht mit einer Flasche Wein und gefülltem Glas auf dem Tisch: „Trinkst du?" Das macht mich wahnsinnig, also antworte ich:
„Nein."
„Du guckst doch, ich beobachte dich doch schon seit einigen Minuten. Schon wieder ein Kung-Fu-Springer?"
Ihr Lieblingssatz in den letzten drei Monaten. Wenn irgendwelchen Menschen irgendwo, ob Supermarkt, Fußgängerzone oder in irgendeinem Mediamarkt etwas nicht gelingen wollte, nahte auch schon dieser Satz.
„Nein, der Mann versucht nur Geld einzuschmeißen."
„Seit einer Viertelstunde?"
„Seit einer Viertelstunde!"
„Das kann doch nicht so schwer sein?"
„Anscheinend doch."
Nachdem wir uns das Schauspiel noch weitere Minuten angeschaut hatten, kam sie mal wieder auf eine blendende Idee.
„Geh doch mal rüber und hilf Ihm?"
„Ich habe aber keine Lust rüber zugehen und Ihm zu helfen. Soll doch der Automatenaufsteller hier jemanden postieren der den Leuten hilft."
„Sei doch nicht gleich so patzig. Ich warte mal auf den Augenblick, wo *DU* Hilfe brauchst. Dann möchte ich dich mal sehen."
„Du musst es dir aber nicht zur Lebensaufgabe machen, darauf zu warten."
Es ist erstaunlich, wie dieser unscheinbare Zigarettenautomat unsere Kommunikationsfähigkeit wieder auf Trapp gebracht und unser Leben in

den letzten Monaten langsam aber kontinuierlich beeinflusst hat. Man will es nicht wahrhaben, aber die meiste Zeit schielt man doch mit einem Auge herüber, um zu sehen, wie die Menschen sich bei unvorhergesehenen Katastrophen verhalten. Der Einfallsreichtum scheint keine Grenzen zu kennen, wenn man vor einem Problem steht, das lebensbedrohlich werden könnte. Zum Beispiel die alte Frau Koll von nebenan. Sie ist nicht größer als einmeterfünfzig und bekommt aufgrund ihres astronomischen Alters von 91 Jahre die Arme nicht mehr hoch. Bei den ersten beiden Versuchen zog Sie resignierend ab, aber beim dritten mal kam Sie mit einem Höckerchen zurück, wie ihn nur kleine und zusammen geschrumpelte Frauen zu haben scheinen, und siehe da, es klappte! Glauben Sie nicht, Sie hätte sich von irgendjemand helfen lassen. Charlotte, die ebenfalls umsonst Hilfe angeboten hatte, war ganz begeistert.

„Siehst du, ein bisschen Nachdenken hilft manchmal, da muss man sich nicht immer gleich direkt zum Volltrottel machen."

Auch der Prolet aus dem zweiten Stock von gegenüber, bei dem Charlotte immer sagt, jetzt muss der Zeltinger sein Lied umschreiben und „Ich bin ein Assi ohne Niveau" singen, hat seine Masche gefunden. Simpel und Effektiv. Nachdem er am Anfang zwei oder dreimal zu uns in den Laden kam, um Geld zu wechseln, was Charlotte kategorisch ablehnte („Der hat nicht nur Nie Kleingeld, der hat überhaupt kein Geld, ich möchte mal wissen, wo der das her hat?"), wartet er jetzt immer auf den Automatenaufsteller, der einmal die Woche pünktlich Dienstags, 17:00 Uhr auf der Matte steht, und deckt sich dann für eine Woche mit Kippen ein. Charlotte konnte sich daraufhin nicht verkneifen, mich zu Fragen, wie der Prollo wohl die Zeit vor dem Automatenaufsteller überleben konnte. Ausnahmsweise eine berechtigte Frage. Ich werde mal drüber nachdenken. Die alte Koll macht es jetzt übrigens genauso.

Unser verwirrter Professor war allerdings weit von der Lösung seines Problems entfernt, denn er schmiss nach wie vor ein Geldstück nach dem anderen in den Automaten, das postwendend wieder ausgeworfen wurde. Irgendwie schien er zu merken, dass wir ihn beobachteten, denn jetzt drehte er sich um seine Achse und starrte direkt zu uns herüber. Leider war nicht zu übersehen, das wir beide quasi mit der Nase an der Fensterscheibe hockten und so kam unser Professor langsamen aber zielgerichteten Schrittes auf unser Geschäft zu.

„Ich glaube, er kommt rüber."

Charlotte hatte schon immer eine blitzschnelle Auffassungsgabe, mit der

sie Situationen meisterhaft einzuschätzen wusste. Ich sagte nichts und stellte mich wieder hinter dem Verkaufstresen. Dann ging die Tür auf und unser Professor stand mit hochrotem Kopf in unserem Laden.

„Verzeihen Sie, aber vielleicht können Sie mir weiterhelfen? Ich weiß einfach nicht, wie das mit dem Automaten da drüben funktioniert."

„Na, ganz einfach, Sie müssen Geld einwerfen!" hörte ich Charlotte lakonisch von hinten sagen.

„Mache ich doch!" antwortete unser Professor.

„Da steht drauf, dass man vier Euro einwerfen muss, um sich eine Packung Zigaretten zu ziehen. Das mache ich auch die ganze Zeit, wie Sie wissen, sie haben mich ja beobachtet. Aber es klappt nicht!"

Der arme Mann tat mir leid, daher forderte ich ihn auf, mir sein Kleingeld mal zu zeigen. Wenn gar nichts mehr geht, können wir es ja Ausnahmsweise mal umtauschen, auch wenn das wieder eine mehrstündige Diskussion mit Charlotte wegen nicht verstoßbarer Geschäftsprinzipien nach sich ziehen würde. In dem Moment, als unser Professor daraufhin seine Hand öffnete, klimperten mindestens 20 Münzen oder mehr auf unserer Verkaufstheke. Obwohl Charlotte und ich selten das gleiche denken, antworteten wir beide fast gleichzeitig:

„Was wollen Sie denn damit?"

Noch bevor wir beide wieder den Mund zuhatten, erklärte uns der Professor mit unschuldiger Stimme, dass er damit natürlich Zigaretten ziehen wollte.

„Ich hab es genau abgezählt, es sind exakt vier Euro!"

Wenn Charlotte eine Sache hasst, dann ist es offenkundige Unkenntnis im Umgang mit Maschinen, Automaten und allem anderen, wo von vorne bis hinten draufsteht, wie man diese benutzen muß.

„Sie können doch nicht mit 5 und 10 Cent Stücken Zigaretten ziehen, das geht nicht!"

„Wieso? Vier Euro sind vier Euro, egal ob in Cent oder in Silbergeld."

„Nein, das ist nicht egal! Der Automat nimmt nur 50 Cent, 1 Euro und 2 Euro-Stücke an, das steht doch darauf!"

Unverständnis drückt sich bei Charlotte immer im ballonartigen anschwellen ihrer Backen aus und wenn das passiert, sind auch Fremde nicht mehr vor ihr sicher.

„Das steht doch GANZ GROSS auf dem Automaten drauf! Können Sie denn nicht lesen?"

„Sie brauchen mich nicht anzuschreien! Anstatt mich zu beobachten, hätten Sie mir auch helfen können. Und um genau zu sein, nein ich habe es nicht gelesen!"

Ich hatte inzwischen das Kleingeld auf unserer Theke eingesammelt und
nachgezählt. Es waren genau vier Euro. Unkorrekt kam mir der kleine

Professor auch nicht vor, nur ein bisschen schusselig. Nachdem ich das Kleingeld in Silber umgewechselt hatte, drückte ich es dem Mann in die Hand und flüsterte ihm leise zu, probieren Sie es doch noch mal. Mit hochrotem Kopf verließ unser Professor den Laden und ging zielstrebig wieder auf den Automaten zu. Und siehe da, keine zehn Sekunden später hatte er seine Zigaretten in der Hand. Freundlich verneigte er sich auf der anderen Seite in unserer Richtung und verabschiedete sich.
„Wieso hast du ihm den das Geld gewechselt? Wir haben doch gesagt, wir machen so was nicht!"
Charlotte konnte nicht widerstehen, mir wenigstens meine eigene Prinzipienreiterei vorzuwerfen.
„Weil er sonst noch immer hier stehen würde. Wäre dir das recht?"
Aber sie sagte nichts mehr und ging wieder in den hinteren Teil des Ladens. Ein paar Monate später wurde unser Zigarettenautomat durch ein neueres Modell ersetzt. Um den Kindern und Jugendlichen das Zigarettenziehen zu erschweren, konnte man jetzt nur noch mit seiner Geld oder EC-Karte am Automaten Zigaretten ziehen. Wenn man bedenkt, dass mindestens 80 Prozent der Menschen notorische Schwierigkeiten im Umgang mit Technik und Automaten haben, denke ich eher, dass diese Regelung eine Verschlechterung für Erwachsene und eine Verbesserung für Jugendliche darstellt. So dauerte es auch nicht lange, bis der erste Wutanfall vor der Türe bzw. vor dem Automaten stand. Eine kleine, zierliche Frau von ca. 30 Jahren. Sie brüllte jetzt bereits seit 10 Minuten den Automaten an.
„Das gibt's doch nicht! Jetzt bin ich dreißig Jahre alt und kann noch nicht mal mit der Scheißkarte Zigaretten ziehen! Alles wegen diesen Drecksblagen, und der einzige der leidet ist der Erwachsene! Vereinfachung, das ich nicht lache, FÜR WEN?"
Charlotte saß wieder auf ihrem Stuhl am Fenster und amüsierte sich köstlich. Mir tat die kleine Frau leid. Aber mir würde ja jeder leid tun, und Frauen natürlich ganz besonders, würde Charlotte jetzt wieder sagen.
„Das ist schon die Dritte heute! Guck mal, die hat schon einen ganz roten Kopf. Lächerlich, wie Menschen sich immer wieder zum Idioten machen."
„Was meinst du mit, die Dritte heute?"
„Der Geldautomatenkartenschlitz scheint irgendwie defekt zu sein. Der geht nicht."
„Und keiner beschwert sich?"
„Doch, siehst du ja! Aber was das bringt, sich bei einem Automaten zu beschweren oder ihn anzuschreien. Das werde ich wohl nie begreifen."
Überflüssig ihr zum hundertsten Mal zu erklären, wie sich

Zigarettenraucher fühlen, wenn sie von einem Automat verarscht werden.

„Ich versteh einfach nicht, warum Sie nicht die Nummer von dem Automaten abschreibt und in der Störzentrale anruft. Das kann doch nicht so schwer sein?"

Ich kann das verstehen. Erst wenn gar nichts mehr geht und man sich bis zum allerletzten verausgabt hat, fängt das Gehirn wieder einigermaßen normal an zu arbeiten, um zu retten was noch zu retten ist, in diesem Falle die EC-Karte oder das bereits abgebuchte Geld. Nachdem der Dreikäsehoch frustriert demissioniert hatte, tauchte kurz darauf der Reparaturwagen der Zigarettenfirma auf.

„Siehst du, Charlotte, die kleine Frau war doch nicht so ein Tölpel wie du gedacht hast!"

„Das sagst du jetzt nur, weil es eine Frau war. Wäre es ein Mann gewesen, hättest du ihn noch blöder gefunden wie ich diese Frau, stimmt's?"

Diesmal ging ich nach hinten.

Die nächsten Wochen und Monate hielt der Automat erstaunlich gut durch. Keine Störungen, keine Ausfälle, keine randalierenden Kunden (ehrlich, wir vermissten Sie irgendwie) und noch nicht mal der Prollo aus dem zweiten Stock machte Ärger. Vorgestern erzählte uns der Automatenaufsteller, dass der Zigarettenautomat demnächst ganz abgehängt würde, da die Regierung jetzt beschlossen hätte, die Dinger komplett zu verbieten. Seitdem haben Charlotte und ich verstärkt schlechte Laune. Der Zigarettenautomat war ein Teil unseres Lebens geworden, Charlotte hatte zwischenzeitlich sogar überlegt, mit dem Rauchen anzufangen, nur so, aus Sympathie. Aber jetzt! Wer soll unsere Ehe retten? Über was sollen wir uns unterhalten? Wir streiten zwar immer noch viel, aber irgendwie macht es uns keinen Spaß mehr, seitdem wir wissen, dass uns kein automatengeschädigter Mitbürger dazu anstachelt.

Wir haben schon überlegt, den Automatenaufsteller zu verklagen, aber das geht ja auch nicht, da müsste man ja eher die Regierung verklagen. Unser letzter Plan war, dem Aufsteller privat einen Automaten abzukaufen und ihn dann wieder genau da aufzuhängen, wo er rechtlich gesehen die letzten Jahre seines Lebens legal gehangen hatte. Mal schauen, die Verhandlungen sind noch nicht abgeschlossen, ich habe noch Hoffnung für unsere Ehe.

Theaterraten bei Charlotte und Till

Haben Sie schon mal
Mit Freunden die auch
So gerne trinken
Theaterstücke raten gespielt
Ich bis vor kurzem auch nicht
Und so kam ich letzten Freitag
Zu meiner Premiere
Charlotte und Till hatten Besuch
Elgar, der früher einmal Theaterschauspieler war
Und heute jeden Morgen statt „Morgen"
„Erst mal Bier holen" sagt
Gegen Mitternacht war er dann so sternhagelvoll
Das er uns auf seine nun bald beginnende
Haupt-Vorstellung vorbereitete

Titel:
Die Rückkehr des verlorenen Sohnes Raki in das göttliche Pantheon

Wahrscheinlich eine Metapher auf sein eigenes Ich
Da der Titel nur dazu da war
Um überhaupt beginnen zu können
Ohne Titel kein Stück
Wir sollten ja schließlich erraten
Welches Stück er interpretierte

Nach drei Stunden und unzähligen Versuchen
Kannte ich allerdings immer noch kein Stück
In denen Dialoge zwischen
Dem Dalai Lama und Adolf Hitler
Macbeth und Max Raabe
Wedekinds schöner Lulu und einem Ameisenbär
Winniepoh, der Bär und Aristoteles sowie
Jesus Christus und Klaus Kinski
Zitiert wurde

Nach langem Hin und Her
Mit viel Geschrei und Gezeter
Einigten wir uns schließlich
Auf Charlottes Vorschlag:

Peterchens Mondfahrt

Wobei ich den Einwand Elgars
Nicht vom Tisch weisen konnte
Dass eine familiäre Bindung
Zwischen Hitler, dem Dalai Lama, der schönen Lulu
Sowie den anderen zu Peterchen
Höchst unwahrscheinlich sei

Machte aber nichts
Da es eh keinen mehr interessierte

Die Rückkehr Rakis
Gestreckt noch von diversen Zwillingen
Seines Neffen Wodkas
In seinen Pantheon war jedenfalls
Ein emphatisch gefeierter Triumph und
So haben wir dann spontan entschlossen
Uns bald wiederzusehen
Um ein neues Stück zu erraten

Ein dreifaches Hoch auf Elgar

Und natürlich Charlotte – die sich weder
Beschwert - noch mit Till gestritten hatte

Replik

Ein Vergnügen, diese Gedichte zu lesen.
Mögen sie viele Augen öffnen!

„Voorbij vertwijfelt of stilgestaan
nog verder voorbij afgrond en onstabiliteit
totale afkeer van ongefundeerd
geworteld in het eigen zijn
welk verder komt dan ogenschijnlijk"
Claire Bänziger
Niederländisches Künstlerforum (HNKF),
Limburg, Niederlande

16.VIII.2008

Besuchen Sie Claire Bänziger im Internet! Lassen Sie sich von der künstlerischen Vielfalt ihres Schaffens überzeugen. Es lohnt sich!

http://helderverwevenin.web-log.nl/

http://clairesart.spaces.live.com

http://hnkforum.ning.com/profile/ClaireBanziger

http://www.freewebs.com/clairebanziger/index.htm

TM

M
B
○
A
R
T
B
O
X

Gedichte
&
Gedanken

Nachwort

Neulich ging auf einer sehr belebten Fußgängerzone ein unbekanntes Pärchen vor mir her. Das junge Mädchen versuchte wohl ihren Begleiter davon zu überzeugen (Frauen wollen einen eigentlich immer von irgendwas überzeugen), das die Philosophie doch sehr lesenswert sei. Im Verlauf ihres Monologs sagte sie dann ein Satz, der mich wie ein Donnerschlag traf. Besser hat bisher für mich noch niemand, weder vorher noch nachher mehr, seine Liebe zur Philosophie ausgedrückt. Sie sagte den schlichten und einfachen Satz:

„Ein guter Philosoph haut dich mit jedem Satz aus dem Sofa."

Angesichts des verzweifelten Gesichts ihres Begleiters, war ich im ersten Moment versucht, mich einzumischen und dem zu zustimmen. In einer Diskussion gerade zwei Tage vorher über Ernst Blochs „Tendenz-Latenz-Utopie" hatte ich mich ebenfalls begeistert über die formulierten Gedankengänge des Autors gezeigt und meinen Bekannten auf die mir vertraute Art erzählt, das mein Herz vor Freude lachen würde, wenn ich bestimmte Formulierungen und Sätze lese. Dies trifft im Übrigen nicht nur auf Bloch zu, sondern selbstverständlich auch auf viele andere Philosophen, selbstredend. Ich würde sogar noch einen Schritt weitergehen und den Satz mit „Ein guter Autor" variieren, denn kurz vorher hatte ich von Salman Rushdie „Wut" und die „Satanischen Verse" gelesen, sowie „Landleben" von John Updike, „Die Blendung" von Elias Canetti sowie Orhan Pamuks „Schnee". Auch bei diesen Büchern war es ein sinnliches Vergnügen, die geschriebenen Sätze und Geschichten zu lesen. Für einen Lesesüchtigen, wie ich es nun mal bin, gibt es nichts zufrieden Stellenderes, als das ein einzelnes Wort oder ein einzelner Satz mein Gehirn explodieren lässt und Bilder und Gedanken hervorruft, die noch in dem Augenblick kurz vorher gar nicht existent waren. Auch hier trifft dies natürlich nicht nur auf die eben genannten Bücher samt Autoren zu, sondern natürlich auch auf eine große Anzahl anderer Autoren. Viele meiner Gedichte basieren darauf, das mich ein Satz oder ein Wort unvorbereitet trifft und mir dann neue Welten eröffnet oder auch schon dagewesene wieder in Erinnerung bringt. Bruchstücke zu separieren und in die eigenen Umgebungen zu transferieren bringen unendlich viele neue Wege zu Stande und lassen Gedanken sich weiterentwickeln. Ich weiß, dass jeder seine eigene Methode oder Macke hat, wenn er schreibt und Gedanken festhält. Ich bevorzuge es, wenn ich gerade ein Buch weggelegt habe oder wenn mein Kopf wieder voller Gedanken einem weiteren guten oder schlechten Tag nachhängt, mich mit zwei oder drei Flaschen Wein hinzusetzen, leise Jazzmusik im Hintergrund anzustellen, alle Lichter auszumachen und einen Block sowie Stift vor mir zu legen. Ich schreibe dann einfach auf, was mir gerade durch den Kopf geht. Das Licht ist übrigens deshalb aus, weil ich das, was ich aufschreibe nicht verfälschen oder schönen will. Es sind pure Gedanken. Glücklicherweise kann ich, auch wenn ich im Dunkeln sitze und schreibe, mein Gekritzel hinterher noch lesen, was ja nicht unwichtig ist. Wenn ich dann genug Wein getrunken habe oder einfach einschlafe, dann lasse ich nach einer solchen, wie ich sie nenne, „Nightsession", das Geschriebene zwei bis drei Tage liegen und lass mich einfach überraschen, was für einen Unsinn ich unter dem Wein, Merkur, Jupiter, Mond und Jazzeinfluss geschrieben habe. Einiges aus diesen „Nightsessions" haben sie bereits gelesen, wenn sie bis hier hin gekommen sind. Manchmal bin ich jedenfalls wirklich überrascht, was dabei rumkommt und ich kann ihnen nur raten, es mal mit Wein (oder was anderem) und Dunkelheit zu probieren. Sie müssen allerdings ehrlich zu sich selber und ihren Gedanken sein. Dann werden sie ebenfalls feststellen, was so alles dabei passiert, wenn man einfach mal drauflos schreibt. Aber, Vorsicht! Die Dunkelheit kann ihre Gedanken in ziemlich abstrakte und abstruse Bahnen leiten. Sie ist der interessantere Aspekt an solchen „Nightsessions". Benutzen sie bloß keinen Laptop oder PC, das Licht lenkt nur ab und die Lüftung ist auch störend.

Eigentlich bräuchte ich es zum Schluss gar nicht mehr erwähnen, aber die Liebe zur Literatur ist eines der großartigsten Lebenselixiere, die es auf unserem Planeten gibt. Sie schlägt Fußball, Autos, Fernsehen, Internet und was es nicht sonst noch alles an unnötigem Schnickschnack gibt, um Längen. Daher verbleibe ich mit innigsten Wünschen und Grüßen an den- oder derjenigen, der oder die gerade diese Zeilen liest und Ende mit einem Zitat, das ich in einer Vorstellung von Richard Rogler gehört habe:

„ Fehlende Bildung ist ein Minus an Lebensqualität!"

Ich hab's gewusst! Das musste ja noch kommen. Sie können es nicht hören, aber Charlotte ist zu Besuch und brüllt gerade aus dem Hintergrund:*„ Fehlende Bildung ist kein Grund ein Buch zu schreiben!"*. Ich sehe das anders.

Mario Bocks

12.VIII.2008

Danke an:

Sandy Assmann,
Claire Bänziger,
mb°artbox-production™,
meinem Weinhändler,
der LiLO-Gruppe im Rat der Stadt
Mönchengladbach und hier
ganz besonders
Franco Laatsch, der mir
die Verzweiflung von der Seele
genommen hat als ich bei der
Bearbeitung nicht weitergekommen bin

&

allen Autoren auf dieser Welt,
die das Leben in unnachahmlicher Weise
zu einem literarischen Rausch
machen!

DADA RETURNS!

Mario Bocks

„NEW JAZZ LINE"

Maxi-CD

Shadow of Spring

New Jazz Line – Sandys Theme

Requiem for Bhutto

mb°artbox

www.mario-bocks.de
www.mb-artbox.de
www.myspace.com/mariobockstheflowerpodcookies

DADA RETURNS!

Stimmen aus Israel, USA und Österreich zur CD
„New Jazz Line" von Mario Bocks

Sophie

Tel Aviv, Israel
**Hey Mario .I just love your music. Great Sounds!
Warm hugs from Israel.**

Neara Russell

MADISON, Wisconsin/BOSTON, Massachusetts, Vereinigte Staaten von Amerika
Hi, Mario!
**The Requiem is well done! You created effective moods that made me think and wonder what you were thinking about.
You have enough uplifting motives and major key sections, so it's not too sad. Some parts remind me of Beethoven symphonies and Sturm und Drang. Nice job!**

Sophfire

Neara

Niederösterreich, Österreich

Hallo Mario!

Deine Musik ist traumhaft....
Mein absoluter Lieblingstrack ist
„new jazz line-sandys theme"
Ich muss diesen Song jeden Tag hören!
Wenn ich deine Musik höre durchströmt mich ein warmes gutes Gefühl der Zufriedenheit! - Danke!

Ich wünsche viel Erfolg!

Lg Sophia